ESPÍRITO ANIMAL

Léo Artese

ESPÍRITO ANIMAL

Desperte seu animal de poder

AJNA

Para Léozinho e Christiane, que me inspiram a prosseguir no caminho do sagrado.

AGRADECIMENTOS

Antes de tudo, agradeço a Deus pela inspiração e pelo aprendizado ao longo desta jornada, em que o livro tomou rumos além da ideia original, como se guiado por uma força maior, à qual também rendo minha gratidão. Minha reverência ao Grande Espírito, Jesus, Santa Maria, ao Sol do Meio-Dia, à Lua Cheia, ao Jagube, à Rainha e à Fonte de Sabedoria Superior, que me permitiu mergulhar no mundo animal e ser mensageiro desse reino.

À minha amada Chris, por seu cuidado constante e essencial. Ao Thales, meu afilhado, e ao meu filho Léozinho, fontes de amor, alegria e inspiração. Aos irmãos do Céu da Lua Cheia, pelo incentivo permanente. Aos meus pais, irmã, sogros, cunhados e a todas as relações que enriqueceram minha caminhada.

Mitakuye Oyasin

NOTA À SEGUNDA EDIÇÃO

Caro leitor,
É com grande satisfação que apresento esta segunda edição de *Espírito animal*, revisada, ampliada e enriquecida para aprofundar sua jornada de autoconhecimento e conexão espiritual. Desde seu lançamento, em 2001, este livro tem sido um guia para quem busca compreender os animais de poder e os ensinamentos da espiritualidade xamânica. Agora, traz novas espécies, incluindo não apenas animais terrestres, mas também seres lendários das mitologias de diversas culturas.

Incluímos um capítulo sobre o "animal sombra", que aborda os aspectos mais desafiadores da psique representados por esses arquétipos. No capítulo 9 "A medicina e a sombra dos espíritos animais", você encontrará uma visão transformadora sobre dimensões muitas vezes ocultas de nossa natureza. O capítulo 10 "Animais polarizadores e seus significados ocultos" aborda a simbologia de criaturas que provocam, ao mesmo tempo, fascínio e aversão; e o capítulo 11 "Animais icônicos: criaturas que inspiraram mundos" revela como tais seres moldaram culturas, mitologias e sociedades.

Essas atualizações foram possíveis graças ao apoio da Ajna Editora, cuja colaboração foi fundamental para tornar esta edição ainda mais rica e significativa. Que este livro continue a inspirar e a guiar todos os que buscam uma conexão mais profunda com a natureza, consigo mesmos e com o sagrado.

Boa leitura!

Com gratidão,
Léo Artese

SUMÁRIO

INTRODUÇÃO

Desde a adolescência, carrego a imagem de um pássaro de fogo, emblema da vitalidade que me impulsiona. Meu nome, Léo, é um legado familiar que sempre me ligou ao leão: meu avô, meu pai, meu filho e eu formamos quatro gerações com o mesmo nome. Essa força leonina também se revela em minha carta natal, onde Leão ocupa lugar de destaque em Vênus, Marte, Urano e Plutão.

Desde criança, fui fascinado pelos animais, estudando zoologia por conta própria e, aos 15 anos, vivendo intensamente a natureza em uma fazenda no Mato Grosso. Lá, criei laços com um quati e uma "lobeta", conquistando sua confiança até libertá-los. Essa conexão foi se aprofundando com o tempo.

Aos 19 anos, o kung fu me revelou a arte de canalizar a força dos animais em movimento. Entre eles, a águia se tornou a minha maior mestra, pois pratiquei o estilo Garra da Águia, aprendendo com sua precisão e imponência. Tornei-me vegetariano por respeito aos seres vivos, escolha que moldou meu caminho. Mas foi no xamanismo que compreendi a dimensão espiritual dessa relação: cada pessoa possui um animal guardião, ou totem, que representa sua força instintiva, a essência que a conecta ao sagrado.

Neste livro, entendo "animal" em sentido amplo, incluindo mamíferos, aves, répteis, insetos, peixes, seres lendários, pois, no xamanismo, tudo o que existe tem espírito. Os animais refletem aspectos inconscientes e revelam, como dizia Jung, projeções do Self. Reconhecer e integrar essa energia é parte do nosso processo de humanização e cura.

Esta obra é fruto de vivências xamânicas, ensinamentos ancestrais e pesquisa profunda. Não busca esgotar o tema, mas oferecer uma jornada de reconexão com a Terra por meio do reino animal. Que ela seja uma ponte para uma vida mais consciente, harmoniosa e sagrada.

Decreto agora abertas as portas do Mundo Profundo, para que você, leitor, encontre os mistérios, a magia e o poder dos espíritos animais.

- 1 -

OS PRIMÓRDIOS DA VIDA ANIMAL

Os primórdios da vida animal na Terra remontam ao período Pré-Cambriano, há cerca de 600 milhões de anos, durante o final do Éon Proterozoico. Nesse período, surgiram os primeiros organismos multicelulares, conhecidos como metazoários. Os fósseis mais antigos de animais revelam formas de vida simples, como discos, formas semelhantes a folhas e estruturas tubulares, muitas vezes de difícil classificação.

No início do período Cambriano, há aproximadamente 540 milhões de anos, ocorreu uma rápida diversificação dos organismos multicelulares, marcada pelo surgimento de quase todos os principais filos animais conhecidos hoje. Esse evento foi impulsionado por mudanças ambientais, como o aumento de oxigênio nos oceanos e a evolução de predadores, que estimularam a complexidade e a diversidade biológica.

Os dinossauros viveram na Terra durante a Era Mesozoica, que se estendeu por cerca de 180 milhões de anos, dividida nos períodos Triássico, Jurássico e Cretáceo. Eles foram extintos há aproximadamente 66 milhões de anos, no final do período Cretáceo, devido a um evento catastrófico amplamente atribuído à queda de um asteroide na região da Península de Yucatán, no México. Esse impacto gerou mudanças climáticas drásticas, que tornaram o planeta inóspito para a maioria das espécies de dinossauros. Gigantescos, fascinantes e multifacetados, eles habitam os mitos e as lendas da humanidade, alimentando nossa curiosidade sobre sua origem e extinção. Sua presença permeia diversas formas de expressão e conhecimento: artes, filmes, desenhos, histórias em quadrinhos, brinquedos, estudos científicos, documentários, literatura e até sonhos. Os dinossauros evocam um vínculo com esse passado remoto, frequentemente chamado de "Mundo Perdido". Essa expressão ganhou popularidade principalmente com o romance *O mundo perdido*, de Arthur Conan Doyle, publicado em 1912, no qual exploradores descobrem uma região isolada onde dinossauros ainda vivem. Vale lembrar que as aves são consideradas descendentes diretos de dinossauros terópodes, o que significa que, tecnicamente, os dinossauros ainda estão entre nós sob a forma dessas criaturas modernas.

Os dinossauros nos reconectam a um passado misterioso e profundo, marcado por uma natureza selvagem e intocada. Além de despertar fascínio, eles nos ensinam sobre a importância de preservar o meio ambiente e a capacidade de nos adaptarmos a diferentes circunstâncias e ecossistemas.

ANIMAIS SAGRADOS NA PRÉ-HISTÓRIA

Em uma antiga lenda siberiana, dois Povos Celestiais coexistiam na Terra: um caracterizado pela bondade e outro pela maldade. Sob a criação dos deuses, os humanos viviam em paz e harmonia, até que o Povo Mau enviou doenças e a morte para afligir a humanidade. Para aliviar o sofrimento humano, os deuses enviaram uma águia com poderes medicinais xamânicos. No entanto, os humanos não compreendiam sua linguagem, impedindo-a de transmitir o conhecimento da medicina. Determinada a cumprir sua missão, a águia avistou uma bela mulher adormecida sob a sombra de uma árvore. Desceu e, em um ato de amor, uniu-se a ela. Desse encontro, nasceu o primeiro xamã da Terra.

Essa lenda ilustra metaforicamente a profunda ligação entre o xamã e o animal. A união da águia e da mulher simboliza a conexão entre o divino e o humano. A águia, representando o poder e a espiritualidade, escolhe a mulher como receptora de sua mensagem, destacando a importância da feminilidade e da receptividade para a sabedoria espiritual. A criança gerada dessa união torna-se o primeiro xamã, refletindo seu papel como transmissor de cura e conhecimento espiritual e como ponte entre os mundos espiritual e terreno.

Na Sibéria, entre os Buriatas, o animal ou ave que protege o xamã é conhecido como *Khubilgan*, termo que significa metamorfose ou transformação. Segundo Alix de Montial, o xamã é um herói zoomorfo, meio homem, meio deus, meio animal. Ele representa a fusão de atributos humanos e divinos, bebendo da fonte do conhecimento intuitivo dos animais.

O xamanismo é uma prática espiritual e cultural que remonta a pelo menos 40.000 a 50.000 anos, podendo ser ainda mais remota. É considerado uma das tradições espirituais mais antigas da humanidade, originado durante o Paleolítico Superior, quando as primeiras sociedades humanas começaram a desenvolver crenças e práticas ritualísticas ligadas à natureza e ao mundo espiritual. Evidências arqueológicas e antropológicas, como pinturas rupestres, esculturas e objetos ritualísticos, sugerem que práticas xamânicas já existiam em várias partes do mundo, incluindo a Sibéria, o Sudeste Asiático, a África e a América do Sul. Os xamãs são os mediadores espirituais que atuam como pontes entre o mundo físico e o espiritual, por meio de estados alterados de consciência para curar, orientar e proteger suas comunidades.

Uma pintura da caverna paleolítica de Trois Frères, no sul da França, retrata um feiticeiro em traje cerimonial, com a cabeça de veado, olhos de coruja, cauda e órgão sexual felino e garras de urso, ilustrando a conexão entre o humano e o animal.

Nas paredes de várias cavernas paleolíticas, como as de Lascaux, na França, foram encontradas inscrições que refletem o pacto entre o homem e o animal, datando de cerca de 30.000 a.C. Nessa caverna, em uma espécie de cripta, aparece a figura de um xamã em transe, usando uma máscara e vestimentas de ave. A associação entre a viagem xamânica com o voo das aves é comum em diversas tradições. O ritmo do tambor, visto em algumas crenças como o cavalo que transporta o xamã em transe, também é interpretado como as asas espirituais que elevam sua alma. Os xamãs da Sibéria, até hoje, usam vestimentas de aves, e muitos contam que suas mães foram visitadas por aves, com seus filhos sendo concebidos dessa união.

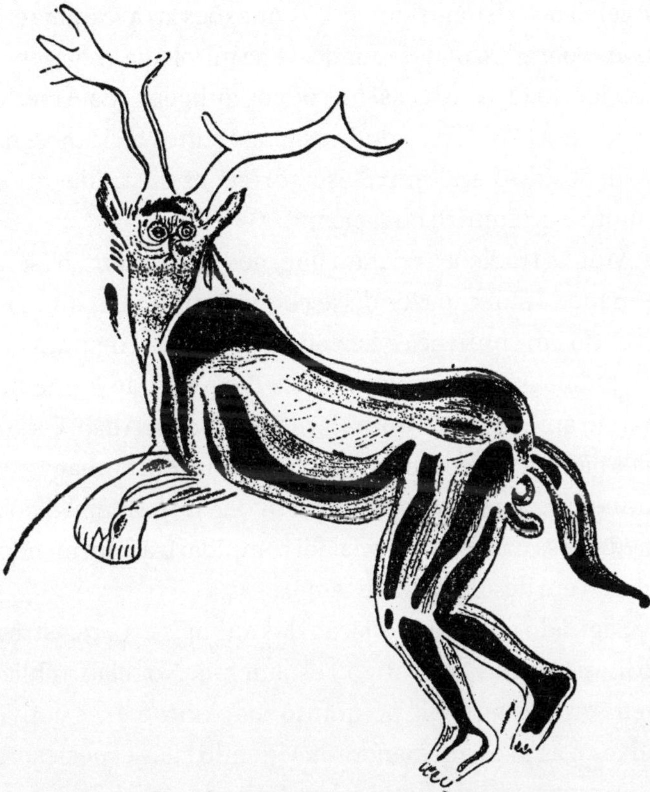

FIGURA 1. O feiticeiro, pintura rupestre na caverna de Trois Frères, na França. Fonte: Wikimedia Commons.

OS ANIMAIS NO IMAGINÁRIO MÍTICO E RELIGIOSO

Nas religiões antigas, há registros de rituais envolvendo homens e animais em diversas culturas ao redor do mundo. Exemplos incluem Ganesha, divindade hindu com forma humana e cabeça de elefante; Thot, no Egito, com corpo humano e com cabeça de falcão; e símbolos como o peixe e a ovelha no cristianismo. Essas conexões atravessam tempos e geografias, manifestando-se na mitologia grega, entre fenícios, maias e astecas, nos povos indígenas da América do Norte, da Sibéria e do Brasil, nos cultos africanos, nas tradições do Peru, entre os aborígenes australianos, os esquimós e também no taoísmo.

Muitas tradições relatam que, nos primórdios, os seres humanos eram capazes de se comunicar com os animais, vivendo em confiança e harmonia com eles. Algumas lendas judaicas sugerem que, antes da queda do homem, o mundo animal tinha uma relação única com Adão. Os animais não apenas compreendiam a linguagem humana, mas também respeitavam a imagem divina no homem. Após a queda, essa conexão especial foi rompida, transformando a relação em desconfiança e temor.

Segundo a Bíblia, a criação dos animais está registrada no livro Gênesis, no Antigo Testamento. No relato bíblico, Deus cria os animais no quinto dia, juntamente com os peixes e as aves, formando-os segundo suas espécies. Ele os abençoa e ordena que sejam fecundos, multiplicando-se sobre a Terra. Os animais, segundo o texto sagrado, foram criados para povoar o mundo e servir de companhia e auxílio ao homem. Adão, o primeiro homem, recebeu a responsabilidade de nomeá-los, ressaltando sua posição de guardião da Criação. Embora os animais sejam valorizados como parte da obra divina, a narrativa bíblica dá ênfase à criação do homem, feito à imagem e semelhança de Deus, com o papel de exercer domínio sobre toda a Criação.

No Jardim do Éden, conforme a tradição, Adão e Eva viviam em harmonia com os animais, capazes de se comunicar com eles e respeitando seus instintos. Mais tarde, Noé emerge como uma figura salvadora ao proteger o mundo animal na arca durante o dilúvio. O episódio da pomba retornando à arca com um ramo de oliveira simboliza a paz e a nova aliança entre Deus e a humanidade, reforçada pelo arco-íris como sinal divino. Os mitos do Éden e da arca ilustram uma "ecologia espiritual", destacando a conexão intrínseca e a responsabilidade do ser humano para com o reino animal. O contraste entre o estado atual da relação com os animais e a harmonia do Paraíso perdido reflete a condição decaída da humanidade, que substitui o equilíbrio do Éden por uma relação de exploração e separação.

Na doutrina espírita, a criação dos animais é discutida no livro *A Gênese*, de Allan Kardec, que aborda a formação do mundo e dos seres vivos sob a ótica do espiritismo. Segundo a obra, os animais possuem uma alma coletiva, diferenciada da alma individual dos humanos. Eles dispõem de um princípio inteligente que lhes confere instintos e sensações, mas carecem de consciência individualizada e senso moral. Conforme *A Gênese*, os animais foram criados por Deus com funções específicas para manter o equilíbrio e a harmonia da natureza, desempenhando papéis específicos na cadeia alimentar, na dispersão de sementes e nos ciclos ecológicos. Embora não possuam o mesmo grau de complexidade espiritual dos humanos, os animais também estão inseridos em um processo evolutivo, progredindo por meio de suas experiências ao longo das encarnações, de maneira compatível com a natureza. Suas experiências e aprendizados contribuem para seu desenvolvimento espiritual, embora de forma diferente da dos seres humanos. Portanto, na concepção espírita, os animais são considerados seres vivos com uma finalidade divina, essenciais para a integração e o equilíbrio do mundo natural, mas sem a complexidade espiritual e moral atribuída à humanidade.

OS ANIMAIS NAS ANTIGAS CIVILIZAÇÕES

Desde tempos imemoriais, os animais desempenham um papel central nas culturas antigas como símbolos vivos do elo entre o mundo material e os reinos espirituais. Na visão xamânica, essa presença não é meramente decorativa ou mitológica: os animais eram (e continuam sendo) mensageiros de sabedoria, canais de cura e expressões das forças da natureza. Nas civilizações ancestrais, encontramos registros abundantes de cultos, rituais e representações que reconhecem o poder espiritual dos animais, do Egito à Mesopotâmia, da Grécia ao mundo ameríndio, cada povo via nos animais a manifestação de potências cósmicas. O xamanismo resgata esse vínculo ancestral, reconhecendo a sabedoria dos antigos: ao se conectar com um animal, o ser humano acessa um aspecto da própria alma e participa do mistério da Criação.

Egípcios

No Egito Antigo, acreditava-se na profunda união entre homens e animais, com estes frequentemente considerados dotados de poderes divinos. Muitos deuses egípcios combinavam características humanas e animais, simbolizando aspectos específicos da natureza e da espiritualidade.

Amon-Rá era representado com corpo humano e cabeça de carneiro, animal considerado sagrado para os egípcios. O Touro Ápis era reverenciado como reencarnação do deus Ptah e, posteriormente, associado a Osíris, era o animal mais celebrado no Egito. Hórus, o deus do céu e da beleza, era retratado com corpo humano e cabeça de falcão. Anúbis, o deus dos mortos, era representado como homem com cabeça de chacal. Ísis, a deusa lunar, era retratada com um véu ou, em algumas representações, com cabeça de íbis. Seth, inicialmente benéfico, tornou-se a personificação do mal. Era retratado com corpo humano e cabeça de um animal desconhecido, semelhante a um cão ou bode. Toth, o deus da sabedoria, tinha cabeça de íbis e representava o princípio transcendente.

Neit, a "vaca celeste" e mãe que gerou o Sol, cra honrada especialmente por mulheres. Hathor, a deusa do amor e do destino, estava ligada à fertilidade e era representada como uma vaca. Também identificada com Bastet, a deusa-gata, e Sekhmet, a deusa-leoa que simbolizava os aspectos destrutivos do Sol. Tueris, a deusa-hipopótamo que protegia mulheres grávidas e parturientes. Sebek, associado a Seth, era retratado com cabeça de crocodilo. Ré, ou khepri, era o deus solar que renascia a cada manhã como escaravelho e durante o dia era simbolizado pelo falcão. Bennu, o pássaro com cabeça humana, representava a alma que voava após a morte.

A Esfinge, símbolo do poder real, combina a cabeça humana com o corpo de um leão, personificando a força do leão, a inteligência humana e a clareza espiritual divina.

Outros animais como sapos, serpentes, escorpiões e crocodilos eram considerados sagrados, sendo venerados por suas habilidades. Cemitérios de animais mumificados atestam essa reverência, em que os animais simbolizavam força e poder.

FIGURA 2. A esfinge de Gizé, com a pirâmide de Quéfren no fundo. Fonte: Wikimedia Commons.

Fenícios

Os templos dedicados à deusa fenícia Astarté possuíam piscinas especiais onde peixes sagrados nadavam. De acordo com a mitologia fenícia, dois peixes empurraram um ovo mágico até a praia, e dele nasceu a deusa. Astarté tinha um filho chamado Ichtys, que assumia a forma de peixe. Esse mito influenciou a mitologia babilônica, onde Ea, o deus da água e da sabedoria, foi associado à figura do deus-peixe.

Pesquisas revelam que os fenícios viam o camundongo como um animal sagrado da fertilidade, devido à sua alta taxa de reprodução, um simbolismo compartilhado com o porco, também considerado sagrado. O porco estava relacionado à fertilidade e à sexualidade, sendo um símbolo do elemento feminino, representando o ventre que gera e concebe. Curiosamente, o termo "porcaria" foi criado na nossa civilização para fazer uma referência pejorativa a questões sexuais, evidenciando o contraste entre a simbologia original e a conotação negativa que surgiu posteriormente.

Baal-Hamon era o deus dos céus e da fertilidade na religião fenícia. Ele era frequentemente representado como um ancião com barba imponente e chifres de carneiro, símbolos de sua conexão com a terra e a fertilidade.

Persas (zoroastrismo)

O touro ocupa uma posição central na cosmologia zoroastriana, representando a fertilidade e a vida. No Avesta, o texto sagrado do zoroastrismo, o touro primordial Gavaevodata foi criado por Ahura Mazda (o deus supremo) e é visto como a fonte de todas as espécies de animais. Após sua morte pelas forças do mal, suas sementes foram usadas para criar a diversidade de animais que habitam a Terra. Rituais associados ao touro simbolizavam abundância e prosperidade, e ele também aparecia frequentemente em relevos e monumentos persas.

Na Pérsia, o culto ao deus Mitra, associado ao Sol, tinha como símbolo o leão, representando força e poder solar. Os templos dedicados a Mitra eram protegidos por leões vivos, reforçando a conexão simbólica entre o animal e a divindade cultuada. Ele aparece como Mitra na mitologia persa e é mencionado nos textos sagrados zoroastrianos, como o Avesta. Era considerado uma divindade da luz, da verdade e da ordem cósmica (*asha*), visto como o guardião dos pactos e juramentos, punindo aqueles que os quebravam. Frequentemente retratado como um protetor da humanidade contra as forças do mal, agia como intermediário entre Ahura Mazda (o deus supremo) e os homens. Ele também era associado à vitória e ao combate contra as trevas. Embora não fosse inicialmente uma divindade solar, Mitra foi progressivamente identificado com o Sol e associado ao ciclo diurno e sazonal da luz e da escuridão.

Gregos

Na mitologia grega, os animais desempenhavam papéis simbólicos e estão frequentemente associados aos deuses, suas histórias e atributos. Zeus, ao nascer, foi alimentado pelo mel das abelhas e pelo leite da cabra Almateia. O carneiro, consagrado a Zeus, deu origem à "Cornucópia", um chifre que simboliza prosperidade e abundância. O cavalo está associado a Apolo, o deus solar, que conduz sua carruagem pelo céu. Apolo assumiu a forma de lobo para proteger a ninfa Cirene, enquanto sua irmã Ártemis, em um ritual de purificação, foi representada como loba. Ártemis, conhecida como Senhora dos Animais, tinha um cervo branco que não temia os homens. Já Atena, deusa da sabedoria, era simbolizada pela coruja.

Os sacrifícios também marcavam rituais religiosos. Uma cerimônia religiosa, descrita por Platão, conta que os reis, usando apenas cajados e redes, caçavam touros sagrados em homenagem a Poseidon. O sangue do touro era coletado em vasos para conjurar o deus ou afastar espíritos malignos. Os chifres da vaca simbolizavam a Lua, enquanto o touro representava força procriadora e fertilidade, sendo venerado na Grécia, Mesopotâmia, Egito, Índia e Roma. Um exemplo é o mito do Minotauro, nascido da união da rainha Pasífae com um touro enviado por Poseidon. Os centauros, criaturas metade homem e metade cavalo, eram associados a Poseidon em sua forma de Hippios, deus dos cavalos. Entre os centauros, destaca-se Quíron, mestre em medicina e astronomia, que foi imortalizado na constelação de Centauro. Pégaso, o cavalo alado, representa a liberdade e o instintivo natural.

Os sátiros, como Pã, combinavam características humanas e de bode. Pã, deus da caça e dos pastores, era ligado à natureza e, em algumas histórias, transformou-se em carneiro para seduzir Selene, a deusa lunar. As aves, por sua vez, eram consagradas às divindades: a águia representava Júpiter, a pomba simbolizava Vênus, e o pavão era associado a Hera.

Os mitos de Homero relatam que os deuses frequentemente assumiam formas animais. Zeus, por exemplo, transformou-se em animal para seduzir os mortais. Hera, esposa de Zeus, tinha a vaca e o pavão como símbolos. Hermes, protetor dos pastores e viajantes, era associado aos rebanhos e animais selvagens. Afrodite, deusa do amor, era simbolizada pela pomba, o pardal e o cisne.

Outros seres míticos incluem a Quimera, com corpo de cabra, cabeça de leão e cauda de serpente, derrotada por Belerofonte, montado em Pégaso. Hércules enfrentou diversos desafios envolvendo animais em seus Doze Trabalhos, como o Leão da Nemeia, a Hidra de Lerna e Cérbero, o cão de três cabeças que guardava os portões do submundo. Esses mitos mostram como os animais eram reverenciados, simbolizando forças naturais, atributos divinos e a interação entre o humano e o sagrado.

FIGURA 3. Teseu combatendo o Minotauro, de Jean-Étienne Ramey, mármore, 1826, Jardins das Tulherias, Paris. Fonte: Wikimedia Commons.

Indianos

Na Índia, diversos animais são reverenciados por seu significado espiritual e simbólico. O touro, o leão, a serpente, e o elefante ocupam um lugar especial no imaginário religioso. A vaca, considerada sagrada, é vista como a "mãe" de milhares de hindus, sendo símbolo de nutrição e generosidade. Sua proteção é um legado do hinduísmo para o mundo.

A conexão entre deuses e animais é rica em simbolismo. Vishnu, uma das principais divindades do hinduísmo e o criador supremo do universo, está associado a Naga, a serpente, e a Garuda, o pássaro solar, que conservam e protegem o mundo. As encarnações de Vishnu refletem a diversidade da vida: em sua primeira encarnação, ele foi Matsya, o Grande Peixe que salvou a humanidade do dilúvio, conduzindo um barco com todos os animais terrestres até a segurança da terra firme. Sua segunda encarnação foi Kurma, a Tartaruga; a terceira, Varaha, o javali; e a quarta Narasimha, metade homem e metade leão.

Os elefantes, considerados criaturas extraterrenas, também possuem um papel central na mitologia hindu. Segundo uma lenda, Brahma, o eterno criador, formou os elefantes ao entoar sete canções sagradas enquanto segurava as duas metades do ovo do pássaro solar Garuda. A divindade Ganesha, filho de Shiva e Parvati, é representada com cabeça de elefante. Deus da sabedoria, Ganesha remove obstáculos, traz boa sorte, abre os caminhos e protege os negócios e o lar, sendo também associado às práticas tântricas. Lakshimi, deusa da fertilidade e riqueza, é frequentemente retratada ao lado de elefantes.

A serpente simboliza a energia da kundalini, que reside na base da coluna vertebral e é despertada pela meditação. Elas também são vistas como espíritos guardiões das águas e são evocadas no Nepal em rituais para pedir chuva.

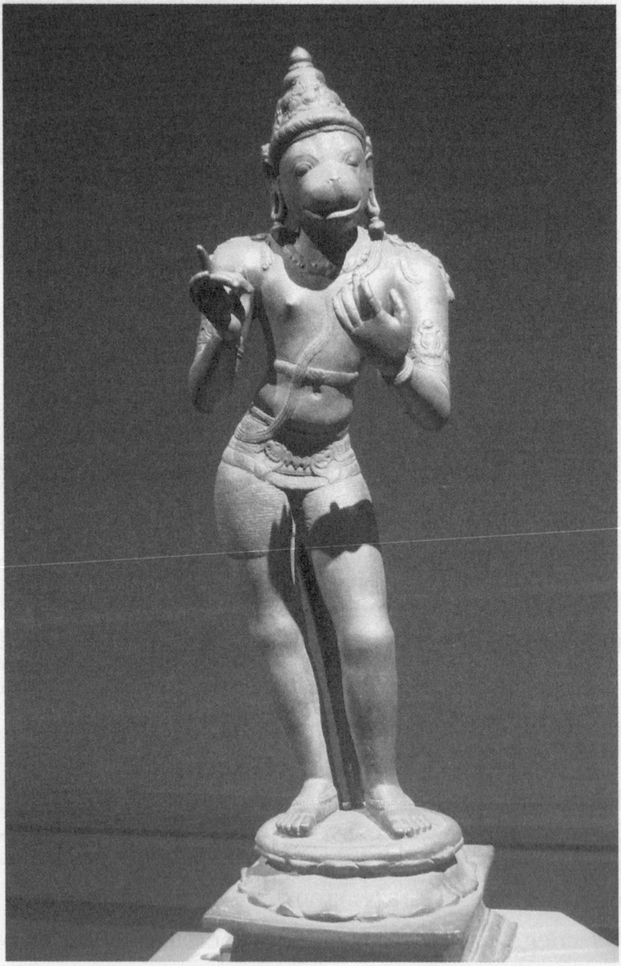

FIGURA 4. Hanuman em pé, Dinastia Chola, século XI. Fonte: Wikimedia Commons.

Outros animais desempenham papéis significativos para os hindus. O pavão é associado a Indra, deus da guerra, da chuva e do trovão. Saraswati, deusa das artes e da música, usa o cisne como veículo, enquanto Durga, divindade da força e proteção, cavalga um tigre. Hanuman, o deus macaco e filho do deus do ar, Pavan, é um dos deuses mais populares, conhecido por salvar os devotos das adversidades.

Prajapati, o Senhor da Criação nos Vedas, criou diversos animais a partir de seu próprio corpo, e Agni, deus do fogo, tem o carneiro como símbolo. Uma lenda indiana sobre o Sol narra que ele monta um cavalo negro no início da noite, um cavalo cinza ao longo da madrugada e, ao amanhecer, um cavalo branco e luminoso, simbolizando a transição dos ciclos da vida.

Chineses

Na China, entre os seres abençoados pela graça dos céus, destacavam-se o unicórnio Chiling, a fênix Fenghuang, a tartaruga Kuei e, acima de todos, o dragão, símbolo da sabedoria, da imortalidade e do renascimento. Este último, considerado o ser mítico mais elevado, representa o poder celestial e a continuidade da vida.

A mitologia chinesa também conta que a raposa, uma criatura enigmática, adquire o poder de assumir qualquer forma, sendo dotada de sabedoria ancestral, da visão do futuro e da habilidade de ler as almas humanas. Em algumas versões da lenda, ela pode até tomar as feições humanas. Quanto ao Patriarca Chang Tao-Ling, é dito que seu veículo era um tigre, símbolo de força e coragem.

Figura 5. Chen Rong. *Dragão*. *In: T. Wu, Tales from the Land of Dragons: 1000 Years of Chinese Painting*. Boston, MA, Museum of Fine Arts, pp. 197-200. Fonte: Wikimedia Commons.

Kuan-Yin, a Grande Mãe chinesa, é uma das figuras mais veneradas, simbolizando o princípio yin, a energia feminina e passiva. Ela é frequentemente representada como uma deusa-peixe, encarnando a essência da compaixão e da misericórdia. Kuan-Yin também é conhecida como a "Senhora que traz as crianças" e, em algumas representações, aparece como uma divindade montada em um cavalo branco ou com cabeça de cavalo, símbolo de sua capacidade de conduzir seus seguidores com sabedoria e bondade.

Africanos

Na África, o elefante, ao lado do búfalo, era considerado um dos animais mais reverenciados e significativos nas diversas culturas locais. Em um culto praticado pelos povos caçadores-coletores das florestas africanas, acredita-se que o espírito criador se manifeste em sonhos como um imenso elefante, escolhendo esse ser majestoso para comunicar-se com os feiticeiros e caçadores. Além disso, algumas tradições afirmam que, após a morte, a alma do líder tribal pode habitar o corpo de um elefante macho, estabelecendo uma ligação simbólica entre a figura do líder e a força e sabedoria associadas a esse animal. O elefante, portanto, não é apenas uma figura física, mas também uma representação espiritual, carregada de significado e respeito nas crenças africanas.

Árabes

Da Arábia vem a lenda da Fênix, ave solar que encarna o poder da renovação. Inspirada em mitos egípcios e difundida pelos árabes sob o nome Anqa, é descrita como uma ave do tamanho de uma águia, de pescoço dourado, corpo púrpura, cauda azul e penas rosadas. Renasce das próprias cinzas, simbolizando a eternidade e o ciclo de vida, morte e renascimento.

Outro ser mítico da tradição árabe é a baleia Bahamut, colosso marinho que carrega o peso da Terra sobre as costas. Ela representa a força primordial e o equilíbrio do cosmos, sustentando o mundo nas águas do oceano infinito. Ambas as criaturas refletem os princípios de renovação e sustentação, expressando a harmonia entre criação e destruição, vida e morte.

Vikings

Entre os povos nórdicos, o urso era profundamente venerado e desempenhava um papel central em diversas cerimônias rituais, sendo considerado um animal sagrado, símbolo de força e coragem. O respeito por essa criatura estava ligado à sua conexão com a natureza selvagem e com o poder primordial.

O deus escandinavo Odin, em sua busca por sabedoria e poder, é retratado montando Sleipnir, o cavalo de oito patas. Criatura mítica e veloz, Sleipnir simboliza a capacidade de Odin de atravessar os reinos e acessar conhecimentos ocultos dos nove mundos da mitologia nórdica.

Os vikings, por sua vez, decoravam a proa de seus navios com figuras de dragões, acreditando que essas criaturas míticas tinham o poder de afugentar os perigos do mar, como monstros marinhos e tempestades, e garantir uma viagem segura.

Odin, além de ser associado ao cavalo Sleipnir, é também vinculado ao lobo. Ele é acompanhado por dois lobos, Geri e Freki, que simbolizam a força, a lealdade e o poder. Ao lado deles, Odin tem dois corvos, Huginn (pensamento) e Muninn (memória), que voam sobre os mundos, trazendo-lhe informações sobre o que acontece no mundo dos homens e dos deuses. Dessa maneira, Odin é um deus multifacetado, cercado por animais que refletem suas qualidades e seu domínio sobre sabedoria, guerra e morte.

Incas

Entre os Incas, havia um culto lunar no qual a Lua era consagrada ao puma. Segundo a tradição, todas as noites o puma sobe das profundezas da Terra para devorar um pedaço da Lua. Quando está satisfeito, permite que ela volte a crescer, reiniciando assim o ciclo. Esse puma mítico vive no centro da Terra e, durante a noite, emerge para cumprir seu papel no equilíbrio cósmico.

Mama Chicha, mãe do Grande Inca Viracocha, era conhecida por seu amor pelas festas, danças e, sobretudo, pelos animais. Diz-se que vivia cercada por periquitos verdes, araras multicoloridas, pombos selvagens, macacos e uma infinidade de pequenos animais da floresta.

Outra divindade reverenciada era Mamacocha, a Grande Mãe das Águas, representada pela baleia. Na mitologia inca, ela personifica a deusa das chuvas, dos mares, rios e lagos, fonte de toda fertilidade e vida.

No Peru, na planície de Nazca, destacam-se os enigmáticos geoglifos, enormes figuras desenhadas no solo que só podem ser plenamente vistas do alto. Entre elas, uma impressionante aranha de 45 metros, além de representações de um beija-flor, um condor, um macaco, um lagarto, uma baleia e um cachorro. Acredita-se que os antigos percorriam essas linhas como forma de captar a energia e o poder espiritual dos animais representados.

A simbologia animal é central na cosmovisão andina. Três animais, em especial, representam os princípios fundamentais da existência:

Animal	Representação
Puma	força, poder e conexão com a Terra (o mundo material, *Kay Pacha*)
Serpente	sabedoria, transformação e mundo subterrâneo, ligado à água e aos mistérios (*Ukhu Pacha*)
Condor	mensageiro dos deuses, associado ao equilíbrio, à justiça e à harmonia, simbolizando o mundo celestial, o ar (*Hanan Pacha*)

Esses três animais formam a tríade sagrada da espiritualidade andina, que reflete o equilíbrio entre os mundos, inferior, terreno e superior, e a interdependência entre todas as formas de vida.

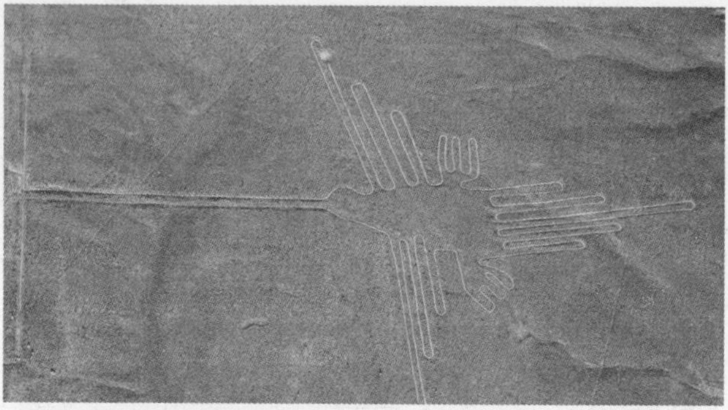

FIGURAS 6.1 E 6.2: Vista aérea do "Beija-flor" e da "Aranha", dois dos geoglifos mais conhecidos das Linhas de Nazca, situadas no deserto de Sechura, no sul do Peru. Reconhecidos como Patrimônio Mundial pela UNESCO desde 1994, esses geoglifos estendem-se por um planalto de cerca de 80 km, entre as cidades de Nazca e Palpa, e datam, segundo diferentes estudos, de 500 a.C. a 500 d.C. *Fonte: Wikimedia Commons.*

OS ANIMAIS NO IMAGINÁRIO RELIGIOSO

Os animais estão presentes em muitas tradições religiosas como símbolos de ensinamentos espirituais, comportamentos exemplares ou manifestações do sagrado. Em diferentes culturas e épocas, eles foram associados à pureza, à força, à sabedoria ou à proteção divina. Nesta seção, vamos conhecer como algumas das principais religiões do mundo, como o Cristianismo, o Islamismo e o Budismo, se relacionam com os animais em suas histórias, rituais e símbolos.

Cristianismo

No Novo Testamento, Jesus surge pela primeira vez numa manjedoura, cercado por animais. Na busca de sua visão, passou quarenta dias no deserto, tentado por Satanás e vivendo entre as feras (Marcos 1:13). No seu batismo, o Espírito de Deus desce sobre ele em forma de pomba, símbolo da pureza e da presença divina. Jesus demonstra ser um iniciado nos mistérios da linguagem animal quando orienta seus discípulos: "Eis que vos envio como ovelhas no meio de lobos; portanto, sede prudentes como as serpentes e simples como as pombas" (Mateus 10:16).

Entre os primeiros cristãos, o peixe se tornou um símbolo secreto. O termo grego "IXTUS" (ΙΧΘΥΣ) é um acrônimo para Iesus Xristus Theos Uios Soter, que significa "Jesus Cristo, Filho de Deus, Salvador". O desenho do peixe, usado discretamente durante as perseguições, representava não só Cristo, mas também a compaixão e a piedade divina. Com o tempo, o símbolo do peixe foi abandonado pela Igreja, que manteve apenas o cordeiro e o pastor. Segundo algumas interpretações esotéricas, a perda desse símbolo contribuiu para o esquecimento de aspectos místicos do cristianismo, já que o peixe também representa o oculto. Os três grandes símbolos dos primeiros cristãos são:

Símbolo Cristão	Representação
Cordeiro	Cristo Messias e Páscoa, simbolizando pureza, inocência e sacrifício
Pastor	Cristo como guia, protetor e cuidador do rebanho
Peixe	ligado à compaixão, ao mistério e à piedade divina, também associado a diversos salvadores espirituais da humanidade

A tradição cristã também se conecta aos animais na visão profética de Ezequiel, cujos quatro seres viventes foram posteriormente associados aos Quatro Evangelistas:

Evangelista	Representação
João	águia, que representa visão espiritual e conexão com o divino
Lucas	touro, associado à força vital, ao serviço e à compaixão
Marcos	leão, símbolo de força e coragem, ligado à narrativa do deserto
Mateus	anjo ou homem, enfatiza a natureza humana de Cristo

Helena Blavatsky, na tradição esotérica, associa esses seres não apenas aos evangelistas, mas também a planos cósmicos e aspectos da natureza humana e divina.

O simbolismo do peixe também aparece no Antigo Testamento, como no episódio de Jonas: "Do fundo das entranhas do peixe, Jonas fez esta prece ao Senhor..." (Jonas 2:3).

No século XII, São Francisco de Assis ficou conhecido por sua comunhão com os animais, que reconheciam sua elevação espiritual. Certa vez, pregou às andorinhas: "Passarinhos, meus irmãos! Louvem e amem seu Criador, que lhes deu penas para se vestir, asas para voar e tudo de que precisam. Deus lhes concedeu um bom lugar entre as criaturas, permitindo que habitem no ar puro e os protege com carinho". Há também o famoso episódio em que São Francisco amansa um lobo feroz apenas com sua presença humilde e palavras de amor.

Santo Antônio protagoniza história semelhante. Ao tentar pregar numa cidade onde ninguém queria ouvi-lo, dirigiu-se a um rio e começou a falar aos peixes: "Irmãos peixes! Já que os homens de coração duro se recusam a ouvir as palavras de Deus, prego para vocês!" Diante disso, os peixes emergiram, colocando a cabeça para fora d'água, como se escutassem atentamente. A cena atraiu tantos curiosos que, naquela noite, uma multidão se reuniu para ouvi-lo.

Outras referências bíblicas aos animais nos Salmos e Provérbios podem ser vistas em:

"Oferecerei em holocaustos ovelhas gordas, com o fumo perfumado dos carneiros; imolarei bois com cabritos" (Salmo 66:15).

"Tu exaltarás o meu poder como o do unicórnio; serei ungido com óleo fresco" (Salmo 92:11).

"Vai ter com a formiga, ó preguiçoso; olha para os seus caminhos e sê sábio" (Provérbios 6:6).

"Como o bramido do leão é a indignação do rei; mas como o orvalho sobre a relva, é sua benevolência" (Provérbios 19:12).

"O caminho da águia no céu, o caminho da cobra na penha, o caminho do navio no meio do mar, e o caminho do homem junto à mulher" (Provérbios 30:19).

Islamismo

No islamismo, há uma conhecida passagem da vida de Maomé, ocorrida quando ele fugia da perseguição dos coraixitas. Refugiado em uma caverna, na companhia de um de seus fiéis, foi protegido por um sinal da natureza: uma aranha teceu sua teia cobrindo toda a entrada da caverna, enquanto uma pomba ali fez seu ninho e as abelhas depositaram seus favos. Ao verem essa cena, os perseguidores concluíram que ninguém poderia estar escondido ali e nem sequer se deram ao trabalho de revistar o local.

Outra tradição relata que, ao chegarem aos limites da Terra Santa, os peregrinos realizam um ritual de purificação: descobrem a cabeça, vestem uma túnica branca cingida à cintura por uma echarpe de lã, lançam sobre os ombros um manto e calçam sandálias que deixam livres o calcanhar e o peito do pé. Nesse momento solene, creem ouvir o som do camelo de Maomé, invisível, porém imortal, que os saúda em sua chegada.

Budismo

Buda também está profundamente associado ao reino animal. Relata-se que, durante seu Grande Despertar, ele se lembrou de todas as suas encarnações anteriores, muitas delas vividas na forma de diferentes animais. Essa memória simbólica expressa a interconexão entre todos os seres no ciclo de existência.

No *Bardo Thödol*, conhecido no Ocidente como Livro Tibetano dos Mortos, essa relação se manifesta na iconografia dos tronos em forma de animais, que representam os atributos dos cinco Budas do norte do budismo tibetano. Cada trono simboliza uma qualidade essencial no caminho da iluminação:

Trono	Simbolismo
Cavalo	inteligência, liberdade e beleza da forma
Elefante	estabilidade, força e imutabilidade
Harpia	domínio sobre todos os elementos e a superação dos obstáculos
Leão	coragem, poder e soberania espiritual
Pavão	beleza e poder de transmutar venenos em sabedoria

Esses animais são mais do que simples ornamentos: são emblemas das forças celestiais que sustentam e guiam o praticante no caminho rumo ao estado de Buda.

ANIMAIS NA MAGIA, NOS ORÁCULOS E NAS TRADIÇÕES ESPIRITUAIS

Os animais sempre exerceram um papel central nas práticas mágicas, espirituais e divinatórias, sendo símbolos de poder, proteção e conexão com forças invisíveis. Na magia, os animais são usados como transmissores e transformadores de energia. Na feitiçaria tradicional, acreditava-se que um corpo astral poderia ser animado, por exemplo, a partir de um sapo. Partes de animais e aves eram comuns na preparação de poções e encantamentos.

Na Antiguidade, sacrifícios animais eram oferecidos aos deuses, prática ainda presente em cultos afro-brasileiros, como o candomblé, onde a energia vital do animal é utilizada ritualmente. Na espiritualidade contemporânea, essa conexão se dá de forma simbólica, por meio de meditações, visualizações e arquétipos, como no uso de animais totêmicos, sem necessidade de sacrifício físico.

No campo dos oráculos, a presença dos animais é notável. O próprio termo “zodíaco” significa “Caminho dos Animais”. Cada signo carrega um arquétipo:

Signo	Animal	Característica
Áries	carneiro	impulso, iniciativa
Touro	touro	estabilidade, valor
Gêmeos	embora humano, conecta-se à loba que amamentou Rômulo e Remo e às serpentes do caduceu de Mercúrio	versatilidade

Signo	Animal	Característica
Câncer	caranguejo	sensibilidade e proteção
Leão	leão	vitalidade e magnetismo
Virgem	unicórnio, sereia e deusa Diana	pureza e discernimento
Libra	deusa Hathor, que podia tomar forma de vaca ou leoa	harmonia e equilíbrio
Escorpião	escorpião, mas também associado à águia e à serpente	transformação e intensidade
Sagitário	centauro	integração do instinto e da consciência, busca pela sabedoria
Capricórnio	cabra	perseverança e ambição
Aquário	glifo remete a duas serpentes (ouroboros)	fluxo de ideias e a consciência coletiva
Peixes	animais aquáticos	transcendência e paz interior

A transição entre eras astrológicas é simbolicamente refletida na narrativa bíblica em que Moisés desce furioso do Monte Sinai ao encontrar seu povo adorando um bezerro de ouro. Para alguns místicos, essa história representa arquetipicamente a transição da Era de Touro, simbolizada pela adoração do bezerro, para a Era de Áries, simbolizada pela figura do carneiro. Moisés também é frequentemente representado com duas sarças ardentes em sua testa, o que poderia ser associado ao carneiro, um dos principais símbolos da Era de Áries na astrologia. Essa representação simbólica sugere a transição entre as eras astrológicas e a mudança dos paradigmas espirituais e culturais que ocorreram durante esse período.

Essa interpretação mística da história de Moisés não apenas conecta a narrativa bíblica com os ciclos astrológicos, mas também ressalta a importância dos símbolos e das transformações simbólicas na compreensão da história espiritual e cultural da humanidade.

Outras tradições refletem profundamente essa ligação. Na astrologia chinesa, todos os signos são animais: rato, boi, tigre, coelho, dragão, serpente, cavalo, cabra, macaco, galo, cão e javali. A origem mítica vem de uma corrida organizada por Buda, vencida pelo rato montado no búfalo. A astrologia védica apresenta signos como Mesha (bode), Vrishabha (touro), Kataka (caranguejo), Simha (leão), entre outros, incluindo Makara, criatura com cabeça de cervo e corpo de crocodilo. O calendário asteca inclui animais como abutre, águia, coelho, crocodilo, jaguar e serpente. E as runas trazem símbolos como Feoh (gado), Ur (bisonte), Eolh (alce) e Eoh (cavalo).

Na Cabala, os Caminhos da Árvore da Vida, que conduzem simbolicamente ao Céu, são associados a diferentes animais, cada um representando qualidades espirituais específicas. Esses caminhos correspondem também aos 22 arcanos maiores do Tarô e às letras do alfabeto hebraico. Conforme os níveis de consciência e desenvolvimento espiritual, eles se dividem em cinco Caminhos:

Caminho	Representação	Animal
Adeptado	a maestria espiritual e o domínio das forças internas e externas	elefante, rinoceronte, leão, águia e escorpião
Divindade	os mais sutis, ligados à transcendência e união com o Divino	pardal, pombo, cisne, andorinha, macaco, águia e o homem, que surge aqui como arquétipo do ser realizado, em equilíbrio com as forças do cosmos
Espírito	processos de purificação e alinhamento com os princípios universais	cachorro, castor, carneiro, coruja, caranguejo, tartaruga e touro
Individualidade (Eu Superior)	integração da consciência pessoal com o Eu superior	cavalo, cachorro, bode, burro, escorpião e o lobo (que aparece em mais de um estágio por sua versatilidade simbólica)
Personalidade	aspectos da psique em processo de amadurecimento	crocodilo, golfinho, leão, gavião, pavão, urso e lobo

Cada um desses animais não é apenas um símbolo isolado, mas representa qualidades, desafios e potenciais a serem desenvolvidos no caminho da ascensão espiritual, funcionando como arquétipos vivos dentro da jornada cabalística.

No tarô clássico, a simbologia animal está profundamente presente nos arcanos maiores, refletindo forças espirituais, psíquicas e universais. Na carta da Imperatriz, aparece um escudo com uma águia, símbolo de autoridade, visão superior e espiritualidade. O Imperador também carrega um escudo com uma águia de asas abertas, reforçando sua soberania e domínio. No Carro, dois cavalos (ou esfinges, dependendo do baralho) puxam em direções opostas, representando a integração de forças contrárias, positivo e negativo, consciente e inconsciente.

A Roda da Fortuna apresenta um macaco descendo pela lateral esquerda e, do lado direito, uma criatura ascendente, que alguns interpretam como Tífon ou um Grifo, símbolos dos ciclos, da instabilidade e das forças em constante transformação. No topo, uma esfinge, com garras de leão e espada, representa o enigma da existência e o esforço para manter o equilíbrio diante das mudanças.

Na carta da Força, uma mulher domina um leão, imagem da vitória da serenidade, da consciência e da compaixão sobre os impulsos instintivos.

Na Estrela, surge o íbis, ave sagrada associada a Thoth, o deus do conhecimento e do pensamento, simbolizando a inspiração e a promessa de renovação.

Na carta da Lua, dois cães latem, representando os desafios da mente dual, enquanto um lagostim surge das águas profundas, aludindo aos enganos, às armadilhas do inconsciente e aos medos ancestrais.

Por fim, na carta do Mundo, os quatro animais apocalípticos, homem (ou anjo), águia, touro e leão, ocupam os quatro cantos da carta. Eles simbolizam os quatro elementos (água, ar, terra e fogo), as quatro direções do espaço e a harmonia das forças cósmicas que sustentam o ciclo da vida.

No tarô egípcio, essa simbologia se mantém, porém com uma ênfase ainda maior nos arquétipos animais e uma elaboração mais rica também nos arcanos menores, onde os elementos naturais e os seres da Criação ganham interpretações detalhadas no contexto esotérico egípcio.

I Ching

Na segunda parte do *I Ching*, intitulada "O Material", na tradução de Richard Wilhelm, são descritos os animais simbólicos associados aos oito trigramas, que representam as forças fundamentais da natureza:

Trigrama	Elemento	Representação
O Criativo	céu	cavalo, que corre veloz e incansável, refletindo a força, o dinamismo e a constância do céu
O Receptivo	terra	vaca, cuja mansidão evoca a estabilidade, a nutrição e a receptividade da terra
O Incitar	trovão	dragão, que surge das profundezas e ascende aos céus nas tempestades, simbolizando força criativa, transformação e movimento
A Suavidade	vento	galo, guardião do tempo, cujo canto rompe o silêncio, assim como o vento se propaga de forma sutil, mas penetrante
O Abismal	água	porco, que habita a lama e a água, simbolizando as profundezas, a adaptabilidade e os desafios ocultos
O Aderir	fogo	Fênix, pássaro de fogo que simboliza claridade, luz e renovação espiritual
A Quietude	montanha	cão, guardião fiel, cuja estabilidade reflete a firmeza da montanha e sua função protetora
A Alegria	lago	ovelha, animal do oeste, cuja suavidade reflete o prazer, a harmonia e a paz que o lago evoca (embora as referências específicas sejam mais escassas neste caso)

No comentário histórico do *I Ching*, narra-se que, na mais remota Antiguidade, o lendário soberano Fu Hsi, ao governar o mundo, contemplou os fenômenos do Céu e da Terra, observando os sinais dos pássaros, dos animais e sua adaptação às regiões. A partir dessa observação direta da natureza e de sua própria intuição, elaborou os oito trigramas, como representações das leis universais, buscando alinhar a vida dos seres humanos às virtudes dos deuses luminosos e à ordem cósmica.

A psicóloga junguiana Maria Olga Nogueira, estudiosa do I Ching há mais de trinta anos, não costuma utilizar a simbologia animal na interpretação dos hexagramas, já que eles não estão diretamente associados a animais específicos. No entanto, reconhece que, em análises complementares, podem surgir referências simbólicas, tanto nos trigramas quanto nos textos de alguns hexagramas. Nesses casos, os animais são considerados quando aparecem explicitamente no conteúdo oracular.

O especialista Ion de Freitas defende que a simbologia animal no I Ching é mais evidente e consistente nas linhas dos hexagramas do que nos trigramas, onde as associações tendem a ser mais controversas. Segundo ele, o exemplo clássico é o do dragão, frequentemente associado ao trigrama Trovão, quando, na verdade, o dragão está essencialmente ligado ao Céu e ao princípio Yang, como se observa no Hexagrama 1, especialmente nos textos das linhas. A relação entre dragão e trovão surge porque o trigrama Trovão simboliza o Yang em movimento, e, na cosmologia chinesa, tanto o trovão quanto o dragão compartilham o arquétipo de forças que emergem das profundezas da Terra e se elevam aos céus. Ion de Freitas conclui que trabalhar com os animais citados nas linhas é metodologicamente mais claro, pois suas associações são diretamente justificadas pelos próprios textos oraculares.

Um exemplo é o Hexagrama 10 (A Conduta), cujo julgamento afirma: "Trilhando sobre a cauda do tigre. Ele não morde o homem. Sucesso". Aqui, o tigre simboliza o perigo e o poder, e a imagem sugere que é possível caminhar entre forças perigosas com cautela e integridade, alcançando êxito sem provocar o conflito. Na Antiguidade, o método oracular do I Ching era realizado através da leitura de casco de tartaruga, posteriormente substituído pelo uso das varetas.

A figura do Deus Cornífero, presente na Wicca e em diversas tradições pagãs, carrega um rico simbolismo. Ele representa o aspecto masculino da divindade, associado à natureza selvagem, aos ciclos da vida, da morte e da renovação. É comumente retratado com chifres, que podem variar entre os de alce, cervo ou bode, dependendo da tradição, simbolizando potência, fertilidade, força e conexão com as forças instintivas da natureza. Nas culturas agrícolas europeias, sua imagem se aproxima do Deus Pã, divindade grega ligada à fertilidade e aos espaços silvestres, frequentemente chamado de "O Chifrudo", expressão que destaca sua relação com os aspectos primitivos e instintivos da vida.

Há também correspondências simbólicas com os cultos de Dionísio, deus do vinho, da fertilidade e do êxtase, que, em certos contextos, é representado com chifres de touro, símbolo de força vital, fertilidade e conexão com os mistérios da natureza e da lua. Além dos chifres, as serpentes, presentes nos ritos dionisíacos, reforçam esse vínculo com os ciclos de transformação, morte e renascimento.

Os druidas, sacerdotes celtas, também cultuavam o deus cornífero Cernunnos, conhecido como "O Mestre dos Animais". Ele simboliza o domínio sobre o reino animal, a fertilidade, a vida selvagem e a interconexão sagrada entre os seres humanos, a natureza e o divino.

Na tradição wiccaniana, sua contraparte feminina é a Grande Deusa Mãe, especialmente reverenciada na fase de lua cheia, quando recebe o título de "Senhora das Feras", protetora da vida e dos animais.

A afinidade entre animais e práticas mágicas é uma constante nas tradições ancestrais. Em contos de bruxaria e lendas europeias, é recorrente o tema da metamorfose em animais, como lobos e corvos, representando o poder de transitar entre mundos. Na Idade Média, acreditava-se que os bruxos personificavam o lobo durante os Sabbats, e as bruxas usavam tiras de pele de lobo como amuletos de poder e proteção.

Em certas regiões da Europa, o lobo era visto como a montaria dos feiticeiros, e as feiticeiras eram consideradas capazes de se transformar em lobos. Acreditava-se que o couro de lobo possuía propriedades curativas e protetoras, inclusive contra doenças, e que seus pelos, quando colocados em embarcações, protegiam contra o fogo. A origem do mito do lobisomem pode ter raízes mais antigas, remontando aos cultos egípcios e gregos dedicados a divindades-lobo, que associavam esses animais às forças da noite, da proteção e da transmutação espiritual.

Entre os povos siberianos, caçadores utilizavam patas e garras de urso como amuletos de proteção contra maus espíritos e para cura, posicionando-os atrás das portas ou próximos aos berços.

Na magia europeia, as teias de aranha eram observadas como verdadeiras mandalas naturais, usadas em práticas de meditação e concentração. Magistas afirmam que a convivência com animais domésticos cria elos psíquicos, permitindo que seus comportamentos funcionem como presságios. O instinto aguçado dos animais, por exemplo, é capaz de perceber a aproximação de pessoas ou energias estranhas antes dos humanos.

O gato ocupa lugar central nas práticas mágicas. Associado aos ritos sagrados e à superstição, era considerado animal oracular na Índia e no Egito, onde a deusa Bast era representada com corpo de mulher e cabeça de gato. Na bruxaria, o gato preto tem papel destacado, sendo visto como guardião espiritual, dotado de nove vidas, símbolo da regeneração.

Outros animais também são recorrentes nos ritos mágicos. A galinha preta e o cão negro estão ligados à bruxaria, assim como o bode e o carneiro, utilizados em rituais afro-brasileiros, como no candomblé, por sua energia vital. O galo, por sua vez, é associado a cerimônias ocultistas, sendo uma ave consagrada a Esculápio, deus da medicina, representando vigilância, purificação e proteção.

Segundo Eliphas Levi, três animais são fundamentais na simbologia da magia hermética: o touro, o cão e o bode, representando forças telúricas, proteção e fertilidade, além dos aspectos de sacrifício e transmutação. Em diferentes culturas, ossos e restos animais eram usados como amuletos de proteção. No Alasca, utilizavam-se ossos de baleia para resguardar espaços sagrados. Entre os tibetanos, colocava-se um crânio de carneiro na entrada das casas para desviar maus espíritos, que descarregariam sua ira sobre ele, protegendo os moradores. Na Escócia, o omoplata do carneiro negro era raspado e interpretado para fins de adivinhação e magia. A ferradura de cavalo carrega forte poder simbólico em diversas tradições. Usada para proteção de lares e rituais contra impotência, acredita-se que traz sorte quando posicionada para cima (forma de taça, retendo a energia positiva) e azar quando para baixo (energia escorrendo). Seu formato de lua crescente reforça a associação com a proteção das deusas lunares, funcionando como escudo contra feitiçarias e mau-olhado. No xamanismo, o tambor é considerado o "cavalo" da alma, veículo que conduz o praticante em jornadas espirituais e estados alterados de consciência. Além disso, em muitas tradições, o cavalo é visto como um animal sensível às energias: percebe presenças sutis, recua ou se recusa a avançar quando sente influências negativas no ambiente.

O elefante é, desde a Antiguidade, símbolo de prosperidade, paz e realização de desejos, crença que persiste até hoje em amuletos, esculturas e objetos ritualísticos. Na Tailândia, uma tradição popular afirma que uma mulher deve passar três vezes sob um elefante para garantir sorte no parto e proteção para o bebê. Na Índia, o elefante está diretamente ligado a Ganesha, uma das divindades mais reverenciadas do hinduísmo. Conhecido como o Removedor de Obstáculos e Senhor da Sabedoria e da Inteligência, Ganesha é invocado para trazer boa sorte, abrir caminhos e favorecer o sucesso e a prosperidade. Sua iconografia o representa com cabeça de elefante e corpo humano, simbolizando a união entre força, sabedoria e inteligência espiritual.

A origem mítica de Ganesha varia conforme as tradições, mas a versão mais difundida conta que ele é filho da deusa Parvati, esposa de Shiva. Segundo a lenda, Parvati moldou Ganesha a partir da sujeira de seu próprio corpo, dando-lhe vida e encarregando-o de guardar a entrada enquanto ela se banhava. Ao retornar, Shiva, sem saber quem era aquele guardião, tentou entrar e foi impedido por Ganesha. Enfurecido, Shiva decapitou o jovem, causando profunda dor a Parvati. Para reparar o erro, Shiva ordenou que seus seguidores encontrassem a primeira criatura que estivesse dormindo com a cabeça voltada para o norte, e essa criatura foi um elefante. Assim, Ganesha recebeu uma nova cabeça, tornando-se a divindade que conhecemos hoje, associado à proteção, à superação dos obstáculos e ao início auspicioso de qualquer empreendimento.

Entre os símbolos da Alta Ciência, destacam-se o leão e a serpente. A chamada "Ciência do Fogo", considerada o Grande Arcano dos magos, associa o leão ao fogo celeste, símbolo da energia espiritual, e as serpentes às correntes elétricas e magnéticas da Terra e do ser humano, representando as forças telúricas e sutis. Antigas ilustrações esotéricas frequentemente retratam iniciados dominando leões e segurando serpentes, expressando o domínio sobre as energias celestes e terrenas.

- 2 -

SIMBOLOGIA ANIMAL

*Presente no cotidiano, nos sonhos, nas fantasias, nos mitos, nos contos, no folclore e nas artes, o animal é uma das imagens mais poderosas para o ser humano, tanto no mundo externo quanto no interno.**

Denise Gimenez Ramos

O SIMBOLISMO ANIMAL NOS SONHOS E NO INCONSCIENTE

Acredita-se que, em tempos remotos, os seres humanos viviam em profunda conexão com os animais, reconhecendo neles não apenas companheiros, mas parentes espirituais. Assim como os humanos, os animais possuem força espiritual e são portadores de sabedoria ancestral.

A simbologia animal está profundamente gravada no inconsciente coletivo, funcionando como arquétipos que moldam emoções, comportamentos e processos psíquicos. Herdamos memórias e sentimentos inconscientes que influenciam nosso mundo consciente. Conhecidos

---

* RAMOS, Denise Gimenez (org.). *Os Animais e a Psique: do Simbolismo à Consciência*. São Paulo: Palas Athena, 1999.

como animais oníricos, nos sonhos eles surgem com frequência, às vezes aparecem ligados ao ambiente do sonhador; outras, são criaturas simbólicas, que não pertencem ao mundo físico. Animais como a cobra, frequentemente causam temor nos sonhos, mas sua simbologia também está ligada à cura, à transformação e à medicina. Muitas vezes, as interpretações se limitam ao aspecto negativo, ignorando-se os potenciais simbólicos e curativos que esses animais representam.

No xamanismo, os sonhos são classificados em pequenos, ligados ao cotidiano, e grandes, aqueles de forte impacto, recorrentes ou tão vívidos que parecem reais. Para os xamãs, os grandes sonhos são tratados como uma comunicação direta do animal de poder, trazendo orientação espiritual e revelações importantes.

O psicólogo Stephen Larsen analisou mais de três mil relatos de sonhos com animais, incluindo experiências em que os sonhadores se transformavam neles. Relata que pessoas picadas por cobras nos sonhos, por exemplo, podem vivenciar alterações de consciência, efeito simbólico do veneno. Vale lembrar que, na medicina homeopática, o veneno da cobra (Lachesis) é utilizado como remédio e, na Antiguidade, era consagrado a Esculápio, deus da cura e da medicina.

Quando nos sentimos ameaçados ou acuados, nosso instinto animal aflora, ativando respostas de força, agilidade e sobrevivência que superam, por um momento, nossas limitações conscientes. Esse mecanismo reflete o quanto, de forma inconsciente, reconhecemos e acessamos a força, o poder e a sabedoria instintiva dos animais.

Essa conexão também se manifesta na linguagem, por meio de metáforas e expressões populares que associam qualidades animais a comportamentos humanos. Ao dizer que alguém é "esperto como uma raposa", destacamos sua astúcia e inteligência. Quando afirmamos que alguém é "uma cobra no futebol", fazemos referência à habilidade, destreza e rapidez, características atribuídas às cobras. Expressões como "virar uma onça" refletem a associação direta com a força, a ferocidade e a capacidade de reação desse felino. Da mesma forma, dizer que alguém tem "memória de elefante" evidencia a percepção cultural sobre a excepcional capacidade de memória desse animal. Essas metáforas não são meras figuras de linguagem, elas traduzem a maneira como, cultural e psicologicamente, projetamos nos animais nossas próprias potências, instintos e capacidades, reconhecendo neles reflexos do que também habita em nós. São evidências de uma visão simbólica do mundo, onde a natureza serve como espelho para compreendermos o comportamento e as emoções humanas.

A expressão popular "O cão é o melhor amigo do homem" reflete a relação de lealdade, afeto e proteção que os cães mantêm com os humanos ao longo da história, consolidando sua imagem como companheiros fiéis e protetores. Além dos cães, outros animais também demonstram notável capacidade de auxiliar os seres humanos em situações de perigo ou necessidade. Golfinhos, por exemplo, são conhecidos por sua inteligência, empatia e senso de cooperação, frequentemente salvando náufragos ou protegendo pessoas de ataques de tubarões, agindo de forma surpreendentemente compassiva para garantir sua segurança.

Outro exemplo notável é o do pombo-correio, uma espécie domesticada e treinada ao longo dos séculos para transportar mensagens. Durante guerras e conflitos, esses animais foram essenciais para a comunicação entre tropas e civis, atravessando zonas de perigo e muitas vezes tendo sua vida sacrificada para cumprir uma missão.

Esses relatos evidenciam como os animais desempenham papéis fundamentais na vida, na proteção e na sobrevivência humana, expressando, de forma instintiva ou consciente, comportamentos que refletem empatia, altruísmo e cooperação interespécies. Tais histórias nos convidam a reconhecer uma interconexão profunda entre todos os seres vivos, sugerindo que nossa consciência individual faz parte de um tecido maior de vida compartilhada. Essa percepção amplia nossa compreensão da natureza e fortalece o senso de respeito, reverência e cuidado pelos animais e pelo mundo natural, reconhecendo que todos somos expressão de uma mesma totalidade.

Os símbolos animais também estão amplamente presentes na identidade visual de equipes esportivas, escuderias, clubes e nações, representando força, velocidade, coragem ou resiliência. Exemplos emblemáticos são a águia como símbolo dos Estados Unidos ou os chamados "Tigres Asiáticos", que evocam poder e crescimento econômico.

Na esfera comercial, animais aparecem com frequência em logotipos de empresas, marcas de automóveis, clubes esportivos e campanhas publicitárias, seja na televisão, no cinema, em revistas ou na mídia digital. Esses símbolos são escolhidos por sua capacidade de comunicar atributos desejáveis, como agilidade, proteção, inteligência, força ou prestígio, reforçando a conexão simbólica entre os animais e o imaginário coletivo humano.

FÁBULAS, CONTOS E ARQUÉTIPOS ANIMAIS

No campo das fábulas e narrativas simbólicas, destaca-se Esopo, que viveu por volta de 620 a.C. e reuniu centenas de histórias protagonizadas por animais, que espelhavam os padrões de comportamento humano. Reconhecido como o maior contador de histórias da Antiguidade, é atribuída a ele a origem da expressão "moral da história", presente no desfecho de suas fábulas.

No século XVII, o francês Jean de La Fontaine retomou essa tradição, consolidando-se como o mais célebre fabulista do mundo ocidental. Em sua obra-prima, *Fábulas*, inspirada em Esopo, utilizava animais para retratar, de forma crítica, a agressividade, a ignorância e os vícios da sociedade humana.

É importante lembrar que os chamados contos de fadas não foram originalmente criados para crianças, mas sim para adultos, contendo ensinamentos, reflexões e advertências sobre a vida. Diversos autores e coletores de tradições orais, como os Irmãos Grimm, Monteiro Lobato e muitos outros, se inspiraram nos animais como personagens simbólicos e arquetípicos.

Alguns exemplos que atravessaram gerações incluem *O Gato de Botas, A Gata Borralheira, O Patinho Feio, O Rouxinol, A Pequena Sereia, A Bela e a Fera, O Leão e o Rato, Mamãe Ganso, Os Três Porquinhos, Mogli, o Menino Lobo, Bambi, Dumbo, 101 Dálmatas* e *O Rei Leão*. Em *Irmão Urso*, uma criança nativa dança em honra ao seu animal de poder, o urso, em uma celebração da força e da sabedoria que o ligam ao espírito da natureza.

Essas histórias reforçam a presença constante dos animais no imaginário humano, como espelhos dos nossos próprios dilemas, virtudes e sombras, transmitindo, de geração em geração, ensinamentos universais.

A VISÃO SAGRADA DOS ANIMAIS NAS TRADIÇÕES ANCESTRAIS

Por terem nos precedido na história da vida na Terra e por terem testemunhado nossa evolução, os animais são considerados nossos parentes espirituais por muitas tradições nativas. A aliança entre seres humanos e os clãs animais remonta à pré-história, quando essa conexão era vivida de forma direta e sagrada. No entanto, ao longo dos tempos modernos, essa relação foi sendo gradualmente esquecida. Ainda assim, nosso vínculo com o reino animal pode ser hoje tão poderoso e significativo quanto era no passado.

Nas culturas dos países africanos, assim como na mitologia grega, a relação harmônica entre humanos e animais reflete uma visão de mundo que valoriza a natureza e reconhece a interdependência entre todas as formas de vida. Entre muitos povos africanos, essa consciência se expressava, inclusive, na prática da dieta vegetariana ancestral, que evitava a morte de animais por compreender que humanos e animais compartilham um destino comum e fazem parte da mesma teia da vida.

Nessa cosmovisão, a natureza não era percebida como algo separado ou inferior, mas como uma extensão do próprio ser humano. O natural e o sobrenatural eram inseparáveis, e o contato com o mundo espiritual acontecia por meio da interação com os elementos da natureza, animais, plantas, rios e montanhas. Essa concepção estava presente nas práticas culturais, espirituais e religiosas, que reconheciam os animais como seres sagrados e fundamentais para o equilíbrio do mundo.

Essa visão holística da vida, baseada na harmonia, na interdependência e no respeito mútuo, continua viva em muitas culturas africanas, servindo como lembrete da importância de viver em equilíbrio com o mundo natural e de honrar os laços que nos unem a todas as formas de vida.

No passado, xamãs, sacerdotes e sacerdotisas detinham o conhecimento sagrado da vida. Eram capazes de transitar entre os mundos visível e invisível, compreendendo que os animais falam àqueles que sabem escutar. O princípio hermético “O que está acima está abaixo” expressa a ideia de que tudo está interconectado, não há separação entre o físico e o espiritual, o visível e o invisível. Esse entendimento permite resolver paradoxos e desvendar os mistérios da natureza, pois revela que o espiritual se manifesta na própria vida natural.

TOTENS E A MEDICINA ANIMAL

Nesse contexto, o estudo dos totens animais torna-se fundamental. O totem representa um ser, animal ou objeto, com o qual nos conectamos espiritualmente, refletindo energias, qualidades e ensinamentos que nos acompanham ao longo da vida. Reconhecer o próprio totem é acessar uma ponte viva entre o mundo material e os planos sutis, aprofundando a percepção de pertencimento à teia da vida. Os totens animais representam energias específicas, que quando reconhecidas e honradas, ajudam a nos alinhar com os fluxos da vida. Estudar, contemplar ou invocar um totem é uma forma de honrar sua essência, permitindo-nos acessar sua sabedoria, clareza e força. Assim, podemos compartilhar de seu poder, de sua medicina e de seus ensinamentos, aplicando-os à nossa própria jornada de autoconhecimento, cura e transformação. Mesmo no mundo contemporâneo, persistem sinais dessa conexão ancestral com o reino animal. Muitas pessoas desenvolvem uma forte conexão emocional com seus animais de estimação que vai além das palavras, baseada em sintonia vibracional, empatia e percepção não verbal. Outros expressam essa conexão por meio de escolhas éticas, como o vegetarianismo e o veganismo, motivados pelo respeito à vida animal e pela compreensão de que todos os seres fazem parte de uma mesma teia de existência. Essas escolhas refletem um resgate da consciência ancestral, quando a humanidade reconhecia sua profunda ligação com o reino animal.

Há também aqueles que se dedicam à defesa dos direitos dos animais, combatendo práticas como testes laboratoriais, uso de peles, penas, couro e outras formas de exploração. Tais atitudes são movidas pelo reconhecimento dos animais como seres sencientes, dotados de dignidade, consciência e merecedores de respeito.

Desde tempos imemoriais, os animais colaboram com os seres humanos nas mais diversas tarefas, transporte, comunicação, agricultura e manutenção dos ecossistemas. Animais como elefantes, camelos, cavalos, búfalos, bois, cães, burros, cabras e pombos-correios foram e continuam sendo fundamentais para diferentes culturas e períodos da história. Essa presença simbólica atravessa o tempo e chega até o universo digital, onde animais virtuais povoam softwares, jogos, aplicativos e plataformas, refletindo, mesmo em ambientes tecnológicos, a importância afetiva, simbólica e arquetípica que os animais ocupam no imaginário humano.

Esses exemplos demonstram que, apesar do distanciamento físico e cultural imposto pela modernidade, persiste uma ligação profunda entre seres humanos e animais, sustentada por uma consciência compartilhada sobre a interdependência da vida. Essa percepção reforça a necessidade de cultivar respeito, responsabilidade e harmonia no relacionamento com o reino animal e com o planeta como um todo.

A antiga visão que reduz os animais a seres irracionais, menos conscientes e subordinados aos interesses humanos, tratados como objetos de uso, seja em laboratórios, zoológicos, na alimentação ou na indústria de adornos, tem sido cada vez mais questionada e contestada. Correntes de pensamento, movimentos sociais e avanços nas ciências biológicas e comportamentais vêm demonstrando que os animais são, sim, seres sencientes, conscientes e dotados de inteligência emocional e social, merecedores de respeito, dignidade e consideração ética.

A sabedoria dos povos xamânicos, que tradicionalmente cultivam uma visão integrada, respeitosa e sagrada da natureza e dos animais, oferece ensinamentos valiosos sobre a importância de tratar todas as formas de vida com respeito, reverência e gratidão. Para essas culturas, os animais são reconhecidos como seres espirituais, dotados de consciência, inteligência e capacidade de comunicação. São vistos não apenas como companheiros na existência, mas como mestres e aliados espirituais, com os quais podemos aprender. A noção de que os animais possuem uma "medicina" própria, ou seja, qualidades energéticas, espirituais e simbólicas capazes de oferecer cura, orientação e equilíbrio, reflete um profundo reconhecimento do seu valor intrínseco e do papel essencial que desempenham na saúde do planeta e na harmonia da vida.

Desenvolver uma comunicação verdadeira e profunda com os animais requer paciência, escuta sensível, abertura de coração e o reconhecimento de sua inteligência, consciência e dignidade. Esse caminho não apenas expande nossa percepção espiritual, como também fortalece nossa conexão com a teia da vida e com os ciclos naturais que sustentam toda a existência.

Ao nos abrirmos para uma visão mais respeitosa, integrada e sensível em relação aos animais, aprendemos a valorizá-los não apenas por sua utilidade, mas por sua própria existência e por seu papel essencial no equilíbrio ecológico e espiritual do mundo. Esse reconhecimento aprofunda nosso senso de pertencimento à natureza e nos convida a viver de modo mais ético, harmônico e consciente, em alinhamento com todas as formas de vida.

Podemos utilizar a imagem simbólica dos animais como um espelho para compreender a nós mesmos e acessar os mundos invisíveis. Esses arquétipos vivos carregam qualidades e atributos específicos, que se manifestam através dos comportamentos, instintos e expressões da natureza, refletindo aspectos da psique humana e das forças sutis que regem o cosmos.

Dentro da visão animista, toda a natureza é considerada espiritualmente viva e consciente. Na compreensão ancestral, o ser humano possuía parentes e aliados no mundo dos animais, das plantas e dos minerais, reconhecendo-se como parte indissociável da teia da vida. Como afirmam os povos nativos norte-americanos: “Não é apenas o homem que foi feito à imagem de Deus, mas também o jaguar, o búfalo, o urso, a águia, a serpente, as borboletas, as árvores, os rios e as montanhas”. Os animais, segundo essa visão, estão mais próximos da fonte divina, pois vivem em harmonia com seus instintos e com as leis naturais. Cada espécie possui um "animal mestre", uma força espiritual tutelar, com a qual os humanos podem se relacionar e com a qual podem aprender. Cada animal expressa uma virtude, um estado de espírito, um instinto ou uma qualidade afetiva, oferecendo, assim, ensinamentos valiosos para o equilíbrio do corpo, da mente e do espírito.

O pânico diante da presença ou proximidade de certos animais parece ser um resquício arquetípico inscrito na psique humana. Essa reação ancestral está ligada a Pã, o deus arcaico dos bosques, dos animais e da natureza selvagem, cuja presença podia provocar um súbito estado de pavor e desorientação, tanto em animais quanto em humanos. Daí deriva, inclusive, a própria palavra "pânico", associada à manifestação inesperada da força instintiva e indomada da natureza.

A biologia evolucionista reconhece nossas afinidades com os primatas e com todos os outros seres vivos, ressaltando nossa ligação profunda com a teia da vida na Terra. O biólogo Rupert Sheldrake defende que a própria consciência humana se desenvolveu em estreita relação com o conhecimento dos hábitos dos animais que caçávamos, das propriedades das plantas que colhíamos, das mudanças sazonais da natureza e do convívio com os animais domesticados.

Essa associação íntima com os animais domésticos persiste até hoje. Quem cria, cuida, cavalga ou treina animais desenvolve uma comunicação intuitiva, baseada não apenas na observação, mas numa percepção sutil, que transcende os meios físicos convencionais, como também vivenciam treinadores de animais para atividades terapêuticas. Há evidências, tanto históricas quanto científicas, que apontam para a existência de uma forma de comunicação não verbal e, muitas vezes, não local, que estabelece uma continuidade entre humanos e animais. Essa comunicação, que desafia as explicações baseadas apenas em mecanismos físicos conhecidos, revela uma conexão surpreendentemente profunda, que sugere a existência de um campo de consciência compartilhado.

RITUAIS XAMÂNICOS E A LINGUAGEM SECRETA DOS ANIMAIS

A capacidade de comunicar-se com os animais está preservada nas tradições xamânicas de praticamente todas as culturas tribais. Um dos elementos mais significativos desses rituais é o encontro com um animal de poder, que se torna seu espírito guardião, revelando ao iniciado conhecimentos secretos, muitas vezes incluindo a própria linguagem dos animais. Entre os povos da América Central, esse espírito guardião é chamado de *nagual*, uma entidade espiritual profundamente vinculada ao ser humano. O elo íntimo entre o indivíduo e seu *nagual* é tão estreito que se manifesta na capacidade do xamã transformar-se simbolicamente, e, segundo a tradição, espiritualmente, nesse animal familiar, incorporando suas qualidades, poderes e visão.

O antropólogo australiano A. P. Elkin, em seus estudos sobre os aborígenes, relata que o animal totêmico atua como guardião, alertando seu equivalente humano sobre perigos e até prestando-lhe assistência direta. De acordo com o historiador das religiões Mircea Eliade, durante o processo de iniciação xamânica, o futuro xamã deve aprender a linguagem secreta dos espíritos animais. Essa linguagem, frequentemente, se origina da imitação dos sons, dos cantos e dos gritos dos animais, uma prática ritual que permite ao xamã acessar os diferentes planos cósmicos.

Imitar a voz dos animais, reproduzir seus sons e incorporar sua linguagem simbólica são práticas que não apenas fortalecem a conexão com o mundo espiritual, mas também permitem ao xamã circular livremente entre os reinos da Terra, do Céu e do Submundo, estabelecendo pontes entre o visível e o invisível. Incorporar o animal durante uma sessão é mais que uma possessão, na verdade, é a transformação mágica de um xamã no animal. Uma outra forma usada era por meio da máscara.

Animais nas práticas corporais

Em *Xamanismo: Técnicas Arcaicas do Êxtase*, no capítulo que aborda a relação entre o xamã e os animais, Eliade afirma: "A amizade com os animais, o conhecimento de sua linguagem e a transformação em animal são todos sinais de que o xamã recobrou a situação 'paradisíaca' perdida na aurora dos tempos".* Esse trecho destaca a crença de que, nos tempos míticos, os seres humanos viviam em harmonia com os animais e compreendiam sua linguagem. O xamã, ao se conectar com os animais e adotar suas

---

* ELIADE, Mircea. *Xamanismo: Técnicas Arcaicas do Êxtase*. São Paulo: Editora Martins Fontes, 2002.

formas ou vozes durante rituais, estaria restaurando essa condição original de comunhão com a natureza.

As danças, as artes marciais e as práticas corporais ancestrais foram profundamente inspiradas na observação dos animais e de seus movimentos. No caso do *Kung-Fu*, suas técnicas nasceram da imitação das posturas, ataques e defesas dos animais, originando diversos estilos, como: Garras da Águia, Leopardo, Louva-a-Deus, Gafanhoto, Cavalo, Tigre, Serpente, entre outros. De modo semelhante, a capoeira brasileira também traz em seus golpes referências ao mundo animal, como o Rabo de Arraia, Borboleta, Macaco, entre outros. O Kempô, arte marcial desenvolvida por monges budistas, também se baseia na incorporação dos instintos e dos movimentos dos animais, traduzindo seus padrões naturais em técnicas de defesa e ataque. Nas práticas espirituais do yoga, a observação da natureza, dos animais e das plantas inspirou o desenvolvimento dos *asanas* (posturas), que não apenas imitam as formas dos animais, mas também refletem suas qualidades energéticas e psíquicas. Entre eles estão:

Asanas (postura)	Animal
Vatayanasana	cavalo
Bakasana	garça
Mayurasana	pavão
Bhujangasana	cobra
Hanumanasana	macaco

Asanas (postura)	Animal
Mandukasana	sapo
Ustrasana	camelo
Matsyasana	peixe
Kurmasana	tartaruga
Gomukhasana	vaca
Makarasana	crocodilo
Salabhasana	gafanhoto
Vrshasana	touro
Vrischikasana	escorpião

Da mesma maneira, os mudrás, gestos simbólicos realizados com as mãos, também evocam a energia dos animais, funcionando como chaves magnéticas e espirituais. Alguns exemplos incluem:

Mudrá (gesto)	Animal
Garuda	águia
Kurma	tartaruga
Hamsásya	bico do cisne
Bherunda	pássaros
Tamrachuda	galo
Sarpashirsha	serpente
Karkata	caranguejo
Simhamukha	face do leão

Esses movimentos e gestos são expressões da profunda conexão entre o ser humano e o reino animal, traduzindo-se em práticas que buscam harmonia, fortalecimento, cura e expansão da consciência, tanto no corpo físico quanto nos planos sutis.

Portais para o mundo espiritual

O animal sobrenatural, especialmente aquele que surge em visões, sonhos ou rituais, atua como uma janela para a dimensão transpessoal. Seus olhos, quando atravessados pela visão interior, se abrem para o abismo sagrado, o reino *nagual*, a causa oculta e secreta por trás da realidade visível. Se os olhos comuns são as janelas da alma, os olhos do animal onírico revelam portais mais profundos, conduzindo ao reino do espírito e da consciência ampliada. Entre esses animais, a cobra ocupa um lugar central como símbolo universal de transformação, renovação e poder espiritual. Sua capacidade de habitar lugares ocultos, sua natureza venenosa e, sobretudo, sua habilidade de trocar de pele, fazem dela um arquétipo poderoso associado aos ciclos de morte, renascimento e transmutação. Na mitologia grega, as cobras eram sagradas para Asclépio (Esculápio), deus da cura. Seu bastão, com uma serpente enrolada, é até hoje o símbolo da medicina, representando a capacidade de regeneração, cura e equilíbrio entre forças opostas. Esse mesmo simbolismo ecoa na tradição yogue, onde as serpentes aparecem associadas aos canais sutis de energia: *ida* e *pingala*, que se entrelaçam em espiral ao longo do canal central, *sushumna*, como as serpentes do caduceu.

O despertar da kundalini, simbolizada por uma serpente adormecida na base da coluna vertebral, representa a ascensão da energia vital, conduzindo ao despertar espiritual, à transformação interior e à expansão da consciência. Esse processo culmina na realização da consciência cósmica e na integração com o Absoluto. Dentro desse simbolismo, a serpente ocupa um papel central, como arquétipo de regeneração, transmutação e conexão entre os planos material e espiritual.

Chakras, *bija mantras* e animais simbólicos

Os *chakras*, centros de energia sutis no corpo, também estão associados a animais simbólicos, que representam o veículo do *bija mantra,* a "semente sonora" primordial vinculada a cada *chakra*. Esses animais não são apenas figuras decorativas, mas expressões arquetípicas das forças psicoespirituais que cada centro de energia mobiliza. Esse simbolismo reafirma a serpente como um arquétipo universal de regeneração, transmutação e conexão entre os mundos material e espiritual, presente em inúmeras tradições espirituais e sistemas filosóficos antigos. Sua imagem funciona como um convite à renovação interior, ao domínio consciente das forças instintivas e à realização do potencial mais elevado do ser.

Assim, seja nas tradições indígenas, nas escolas místicas, na mitologia clássica ou nas práticas espirituais do Oriente, a serpente permanece como um símbolo vivo de sabedoria, cura e transcendência, conectando o mundo material ao espiritual, o visível ao invisível. De maneira semelhante, outros animais também representam aspectos da energia psíquica e espiritual. O cavalo, por exemplo, simboliza a força instintiva, a vitalidade e o poder de locomoção interior. Ele permite ao ser humano acessar seu lado instintivo, mas também desenvolver o domínio e a integração dessa força, canalizando-a em direção ao crescimento pessoal e espiritual. O veado, por sua vez, pode manifestar-se tanto na forma mansa quanto selvagem, representando uma energia que nos conduz, ora com suavidade, ora com intensidade. Ele simboliza a sensibilidade, a intuição e a busca por caminhos mais elevados, sendo um guia que inspira leveza, delicadeza, mas também agilidade e prontidão.

Joseph Campbell, ao estudar as representações das cavernas paleolíticas, destaca o papel simbólico do olho do animal, frequentemente associado ao Sol, ao olho solar e aos arquétipos do leão e da águia. Esse olho não é apenas um elemento figurativo, mas um portal simbólico, a porta do Sol, a porta do xamã, uma passagem que conduz além do mundo da matéria, rumo ao espírito e às dimensões invisíveis. De forma semelhante, Carl Gustav Jung, em diversos de seus escritos, explora a profundidade do simbolismo animal, reconhecendo nesses arquétipos pontes entre o inconsciente individual, o inconsciente coletivo e o plano espiritual.

Nas tradições das Américas Central e do Sul, é comum que o xamã seja capaz de se transformar em jaguar, e o jaguar nele, acessando assim os atributos espirituais, a força e a visão desse animal sagrado. Em certos rituais, os indígenas pintam seus corpos imitando a pele do jaguar, incorporando seu poder, sua agilidade e sua conexão com os mundos invisíveis.

Os animais terrestres sempre carregaram uma forte carga simbólica, representando, muitas vezes, o mundo instintivo e emocional. Eles refletem qualidades que podem precisar ser integradas, dominadas, transmutadas ou redirecionadas, além de simbolizarem poderes espirituais associados a reinos invisíveis, que podemos aprender a manifestar na vida material. Os pássaros, por sua vez, são tradicionalmente vistos como símbolos da alma. Sua capacidade de voar expressa nossa própria possibilidade de elevação, de expansão da consciência e de conexão entre céu e terra. Nos totens de pássaros, cada espécie traz atributos específicos, que podem ser invocados para inspirar, estimular grandes voos interiores, nutrir a esperança, a criatividade e a visão espiritual. Da mesma forma, os animais aquáticos também podem ser totens. A água, símbolo ancestral do plano astral e da matriz criativa da vida, representa o mundo das emoções, da intuição e do inconsciente. Peixes, golfinhos, tartarugas e outros seres aquáticos refletem aspectos ligados ao feminino, à fluidez, à imaginação criativa e à sabedoria emocional, oferecendo orientação para navegar os ciclos da vida e das emoções. Até os insetos, muitas vezes negligenciados no imaginário simbólico, possuem uma rica carga arquetípica. No Egito Antigo, alguns insetos estavam ligados aos mitos de fertilidade e de regeneração, como o escaravelho, associado ao ciclo solar e à renovação da vida. Em outras tradições, como na cosmologia de povos indígenas da América do Norte, a figura da Mulher-Aranha aparece como criadora do universo, tecendo a realidade e ensinando os humanos sobre conexão, criatividade e interdependência.

Sacrifício animal e arquétipo do Cordeiro

Vivemos um momento propício para revisitar e ressignificar o vínculo ancestral entre humanos e animais. Desde a Antiguidade, os animais foram alvo de práticas sacrificiais, expressão de crenças religiosas e de tentativas de intermediação com o sagrado. O carneiro, em especial, tornou-se um símbolo universal do sacrifício animal. Na Babilônia, era imolado durante as celebrações do Ano Novo, como forma de expiação dos pecados do reino. Práticas semelhantes eram observadas na Grécia, em Roma, no Islã, nas tradições africanas e no Egito, onde o carneiro era oferecido às divindades para distintos propósitos rituais e espirituais. Segundo o livro *Os Animais e a Psique*,*

> Entre os hebreus, o sacrifício do carneiro foi uma antecipação da imolação de Cristo. O cristianismo absorveu o simbolismo pagão do sacrifício animal, e o carneiro passou a ser o símbolo do Filho imolado, que, segundo os textos bíblicos, pagou com sua vida o pecado dos homens e os salvou para a vida eterna.

No cristianismo, o carneiro, ou cordeiro, tornou-se um símbolo da pureza, da mansidão e da vítima sacrificial. A imagem de Cristo como o "Cordeiro de Deus", que derrama seu sangue pela redenção da humanidade, ecoa diretamente essa tradição. Assim como o sangue do cordeiro libertou o povo judeu no Egito, segundo a tradição bíblica,

---

* RAMOS, Denise Gimenez (org.). *Os Animais e a Psique: do Simbolismo à Consciência*. São Paulo: Palas Athena, 1999.

o sacrifício de Jesus, na cruz, simboliza a salvação espiritual da humanidade. "Eis o Cordeiro de Deus, que tira o pecado do mundo" (João 1:29). Esse arquétipo também está presente no Apocalipse, onde surge o Cordeiro com sete chifres e sete olhos, dotado de poder para abrir os sete selos e executar a justiça divina, vingando a morte dos santos e dos seguidores de Cristo.

Diante dessa tradição simbólica, torna-se evidente que os animais devem ser tratados com respeito, reverência e compreensão, pois são manifestações de forças arquetípicas, expressões de energias invisíveis que estão intimamente ligadas aos processos de transformação da alma humana. Seus comportamentos, instintos e padrões refletem dinâmicas internas, como a dependência filial observada nos filhotes ou nas aves que seguem a figura materna, espelhando compulsões, pulsões e forças inconscientes do psiquismo humano. O animal, portanto, não é apenas um ser do mundo natural, mas também um símbolo vivo de uma força específica, uma energia espiritual que se manifesta na vida, no corpo e na consciência. Reconectar-se com essa sabedoria é retomar os ensinamentos ancestrais da Terra, para guiar e proteger o futuro de todas as espécies que coexistem no planeta.

- 3 -

OS ANIMAIS E AS CRIANÇAS

A relação espontânea e profunda entre crianças e animais é um fenômeno amplamente observado nas primeiras experiências da vida. Desde muito cedo, os animais, sejam domésticos ou selvagens, ocupam um lugar central no universo simbólico infantil, manifestando-se nos sonhos, nas fantasias e nas brincadeiras, onde frequentemente assumem papéis significativos. Essa conexão pode ser compreendida como uma expressão natural da criatividade, da imaginação ativa e da abertura sensível das crianças, especialmente durante os primeiros anos de desenvolvimento. Nesse período, o contato com os animais desperta não apenas curiosidade, mas também encantamento diante da diversidade e do mistério do mundo natural.

A presença constante de animais no imaginário infantil, seja por meio de livros, filmes, desenhos animados, brinquedos ou visitas a zoológicos, reflete essa fascinação arquetípica, que acompanha a humanidade desde tempos imemoriais. Contudo, a progressiva remoção dos animais do cotidiano, especialmente no contexto urbano, tem contribuído, ao longo do último século, para um afastamento físico e simbólico da natureza, reduzindo as oportunidades de interação direta e significativa com o reino animal. Compreender e valorizar essa fase de intensa atividade imaginativa é fundamental para o desenvolvimento emocional e psicológico da criança. O contato simbólico e, sempre que possível, real com os animais favorece não apenas o enriquecimento da infância, mas também o cultivo de empatia, compaixão e respeito pela vida em todas as suas formas, qualidades fundamentais que podem ser levadas para toda a vida.

Nas comunidades nativas, crianças e adultos compartilham de forma muito mais integrada as atividades, os espaços e as experiências do cotidiano. O ambiente é comum a todos, e as fronteiras entre o mundo infantil e o mundo adulto são muito mais fluidas. Nesse contexto, as crianças crescem rodeadas por presenças simbólicas e espirituais, encontram seres nas árvores, escutam a voz dos animais ou de entidades da natureza, e frequentemente sonham com heróis, espíritos e ancestrais. É comum que, na aldeia, adultos compartilhem dos mesmos sonhos e visões que as crianças, reforçando a ideia de uma realidade espiritual coletiva.

Como ensina Dom Juan, mestre Yaqui citado por Carlos Castañeda, é necessário ver o mundo com os olhos da criança, ou seja, com a mesma abertura, sensibilidade e capacidade de maravilhamento que caracteriza a infância. Nas práticas xamânicas, essa reconexão com a visão infantil é essencial, pois permite acessar as experiências visionárias espontâneas vividas na infância, que constituem muitas vezes nossas primeiras experiências místicas naturais, gravadas na memória, de forma consciente ou inconsciente.

Dentro dessa visão, os xamãs acreditam que espíritos guardiões protegem as crianças durante sua fase de desenvolvimento, guiando e amparando seu caminho. De forma semelhante, muitas tradições ensinam às crianças a se relacionarem com seus anjos da guarda, por meio de orações, preces e práticas devocionais. Além disso, é comum que, no universo simbólico infantil, surjam outros aliados espirituais, como elementais da natureza, animais de poder ou amigos invisíveis, que cumprem funções importantes: confortam nas tristezas, ensinam a enfrentar frustrações, acolhem queixas que muitas vezes não encontram espaço na comunicação com os adultos, e oferecem proteção emocional e espiritual. Esse fenômeno pode ser interpretado, sob diferentes perspectivas, como fantasias da infância, manifestações de ajuda espiritual ou encontros com presenças do reino imaginário. Na visão simbólica e espiritual, esses espíritos, aliados ou companheiros invisíveis que se manifestaram na infância, seja como protetores, guias ou figuras de conforto, podem manter esse vínculo ao longo da vida, desde que haja disposição para reconectar-se e renovar conscientemente essa relação. Essas presenças, que transitaram entre o mundo da imaginação e da experiência espiritual na infância, continuam acessíveis. Através de práticas como a meditação, a contemplação, os rituais, os sonhos conscientes ou as jornadas xamânicas, é possível restabelecer o contato com essas forças, resgatando a sensibilidade, a abertura e a percepção ampliada que caracterizavam os estados de consciência da infância.

Desde a infância, a conexão das crianças com os animais se manifesta de forma espontânea e significativa. É comum que, nas brincadeiras, os animais ocupem um papel central, seja na construção de mundos imaginários, seja na elaboração de histórias e aventuras que refletem a relação afetiva e simbólica com o mundo natural. Experiências oníricas também revelam essa ligação profunda. Não é incomum que crianças relatem sonhos vívidos com animais, muitas vezes tão intensos que parecem desafiar a fronteira entre sonho e realidade. Nessas experiências, a presença de animais assume um caráter protetor, orientador ou revelador, deixando marcas duradouras na memória e no imaginário.

- 4 -

COSMOLOGIAS INDÍGENAS: ESPIRITUALIDADE E NARRATIVAS

As narrativas tradicionais dos povos indígenas são ricas em simbologia animal, revelando uma visão de mundo na qual humanos, animais e forças da natureza compartilham uma mesma essência espiritual. Esses relatos incluem histórias de transformações entre humanos e animais, bem como de animais que assumem comportamentos, funções e ensinamentos próprios dos seres humanos.

NO BRASIL

Entre os Borôro, por exemplo, há o relato do dia em que as mulheres venceram os homens na pesca e, como castigo, os transformaram em porcos, simbolizando a inversão de papéis e o poder das forças femininas. Já os Tembé contam a história da festa dos animais, que explica por que os animais deixaram de viver como homens, reafirmando a separação dos reinos, mas também a memória de sua origem comum. Diversas etnias atribuem origens distintas ao dono do fogo, que pode ser representado como o urubu-rei

(Tembé), a onça (Kayapó) ou o macaco (Borôro), demonstrando que, apesar das diferenças culturais dos povos, os animais são sempre depositários de saberes, tecnologias e forças essenciais à vida humana.

Essas histórias não apenas divertem, mas também transmitem valores, virtudes e ensinamentos morais. O papagaio, por exemplo, ensina às crianças a evitarem a gula e os excessos, enquanto as aventuras da onça, do veado, da raposa, do jabuti, do sapo e do tamanduá encantam e fazem rir, ao mesmo tempo que transmitem lições sobre convivência, astúcia, respeito e equilíbrio. A seguir, é apresentada uma versão parafraseada a partir da narrativa A Festa dos Animais, dos Tembé, extraída da *Antologia do Folclore Brasileiro*, de Luís da Câmara Cascudo:

Conta-se que, em tempos muito antigos, os animais resolveram organizar uma grande festa, que se estendeu por vários dias. A clareira da floresta ficou cheia de convidados: veados, antas, porcos-do-mato, onças, aves e muitos outros bichos, que chegavam de todas as partes.

Ao longe, ouvia-se o som grave da corneta de Uiruuetê, o grande gavião, anunciando sua aproximação. Os animais, felizes, comentavam entre si:

— O grande gavião também vem dançar conosco!

Enquanto isso, ele ainda se preparava, enfeitando-se para a celebração. Os macacos, conhecidos pelo atraso, também não haviam chegado. Em meio às danças e aos cantos, chegou o momento em que os animais convidaram o filho da onça para se apresentar. Antes, o velho jaguar o orientou, ensinando-lhe como cantar. E o jovem cumpriu bem sua tarefa, cantando com beleza e agrado. Mas, quando chegou a vez do velho jaguar cantar, sua companheira o advertiu:

— Escolha bem suas palavras... Não ofenda os convidados.
Ele, no entanto, ignorou o conselho e entoou um canto provocador:
— A pele do porco-do-mato vive cheia de varejeiras!
Os porcos-do-mato, evidentemente, se sentiram humilhados. E o jaguar seguiu, sem se conter:
— A pele do veado também está cheia de varejeiras!
Agora eram os veados que se ofendiam. Envergonhada, a esposa do jaguar tentou chamá-lo à razão:
— Havia tantas coisas bonitas para cantar... Por que ofender os amigos?

Quando a festa já se aproximava do fim, surgiu Arapuã-Tupana, o espírito protetor dos veados, que veio cantar entre as mulheres. Mas sua canção era diferente: quem ouvisse seu canto, dizia-se, perderia a vida. Num instante, ele soprou com força, desapareceu como um relâmpago, e a partir desse momento os animais deixaram de viver como gente. Desde então, passaram a viver definitivamente como animais, cada um em seu mundo.

Os macacos, que como sempre haviam se atrasado, chegaram apenas quando tudo já havia terminado. Frustrados e aborrecidos por não terem participado, foram para as roças, onde passaram a colher frutos e roubar milho, hábito que carregam até hoje, segundo contam os mais antigos.

Tudo isso, dizem, aconteceu por causa do comportamento imprudente do jaguar, que não soube escolher suas palavras e desrespeitou os convidados.

Essa história ensina sobre o poder da palavra e a importância do respeito. Na tradição dos povos indígenas, desarmonias causadas por ofensas ou desrespeito podem alterar a ordem natural das coisas. Ela nos lembra que viver em harmonia com os outros, humanos, animais e a natureza, depende da sabedoria no falar, no agir e no conviver.

Entre os Mehináku do Alto Xingu, os seres do mundo são organizados em diferentes categorias, e, em diversas versões de seus mitos de origem, o ser humano compartilha ancestralidade com o reino vegetal e animal, expressando uma visão profundamente relacional do mundo. Na sua cosmologia, o pajé tem a capacidade de transitar entre dimensões e assumir formas animais, revelando a fluidez dos limites entre os seres. Certos animais sobrenaturais, como a Ulaikímpia, uma ave bicéfala associada à morte e ao sustentáculo do céu, são elementos fundamentais na organização simbólica e espiritual do cosmos.

Na tradição dos Kamayurá, há a presença de seres que habitam a floresta e o ar, com aparências que evocam insetos, aves, peixes e outros animais, refletindo uma percepção ampliada das formas de vida visíveis e invisíveis.

Na cosmologia de vários povos indígenas do Brasil, o mucura (um marsupial) e o beija-flor são figuras recorrentes, carregadas de significados. Entre o povo Tukano, há o relato em que o mucura realiza uma viagem ao céu, subindo por um chocalho sagrado, de onde traz para a humanidade o fogo celeste e o yagé (ayahuasca), elementos fundamentais para os rituais e para o equilíbrio da vida. Ao cair do céu, gera uma cachoeira, expressão física de sua travessia espiritual.

O beija-flor, muitas vezes descrito como "o pássaro de cheiro doce", é também um agente cultural e espiritual. Conta-se que ele viajou pelas águas até uma ilha sagrada, onde roubou o fogo terrestre, as brasas de uma fogueira, e o tabaco, ensinando assim às pessoas a preparar o charuto cerimonial, essencial nos ritos de conexão com o mundo espiritual.

O mito guarani da Criação da Primeira Terra* é narrado como um processo profundamente sagrado, no qual os seres originários deixaram marcas essenciais no mundo. A serpente primordial foi a primeira a tocar o leito da terra, embora hoje, segundo dizem, reste apenas sua imagem visível, a verdadeira habita nos limites do firmamento. Da mesma forma, a cigarra vermelha (*yrypa*) foi a primeira a fazer ouvir sua lamentação sobre a terra. Sua presença ecoa ainda hoje, mas a cigarra verdadeira também permanece no plano do céu. O girino (*yamai*), senhor das águas, foi aquele que trouxe a força das águas para a terra, embora o que hoje conhecemos não seja mais o ser primordial, mas apenas sua manifestação terrena. Quando a Terra foi formada, era inteiramente coberta por florestas. Para criar os espaços abertos das savanas, Nosso Pai enviou o gafanhoto verde (*tuku*), cuja missão era abrir clareiras. Por onde ele fincava seu dardo, nasciam os campos, e seu canto celebrava

---

* CLASTRES, Pierre. *A Fala Sagrada: Mitos e Cantos Sagrados dos Guarani*. São Paulo: Editora Brasiliense, 1995.

a abertura dessas novas paisagens. A primeira voz que se ouviu nas savanas foi a da perdiz vermelha (*inambu*), que saudou alegremente o novo espaço criado. Como os outros, sua presença verdadeira permanece no limite do firmamento; na Terra, resta apenas sua imagem. O tatu foi o primeiro a ferir o solo, escavando-o, mas também ele, assim como os outros seres, existe aqui apenas como reflexo do original. Nas trevas, reina a coruja, senhora da escuridão. E sobre a aurora, aquele que governa é Nosso Pai, o Sol, Senhor da Luz e da renovação diária.

Na cosmologia dos Yanomami, diversos animais são entendidos como espíritos poderosos, que se manifestam especialmente durante os rituais conduzidos com o uso da virola, planta de poder cujos princípios são inalados por meio de um tubo. Esses espíritos incluem, entre outros, *Shimiwe*, o espírito do macaco-aranha; *Kaomawe*, o espírito das tarântulas; *Waroo*, o espírito da serpente; além dos espíritos do pica-pau, do jacaré, do porco-do-mato, da onça e do urubu. Cada um desses seres ocupa um papel específico na organização espiritual do mundo Yanomami, representando forças da natureza, atributos, saberes e conexões com os diferentes domínios do cosmos. Dentro dessa tradição, há também o relato de que foi o gambá, associado a práticas de magia e feitiçaria, o primeiro ser a utilizar o veneno nas zarabatanas, ensinando essa técnica aos humanos e introduzindo um dos conhecimentos fundamentais para a caça na floresta.

No imaginário amazônico, diversos seres encantados manifestam-se como guardiões da floresta, dos rios e dos ciclos da vida. Entre eles, o boto-cor-de-rosa ocupa lugar central. Segundo a tradição, ele é capaz de assumir a forma de um homem jovem, vestido de branco e com chapéu, que oculta sua respiração pela cabeça de boto, surgindo nas comunidades ribeirinhas, especialmente nas festas, para seduzir mulheres. Crianças de paternidade não declarada são, por vezes, carinhosamente referidas como "filhos de boto", expressão que reflete não só uma crença, mas também formas poéticas de falar sobre os mistérios da vida e das relações. O boto, além disso, é considerado um ser dotado de força espiritual e pode manifestar-se de maneira vingativa, especialmente quando sente que sua companheira foi tirada dele.

O muiraquitã, geralmente representado como uma pequena rã esculpida em pedra verde, é um amuleto de proteção, fertilidade e abundância, tradicionalmente confeccionado por mulheres indígenas e oferecido como presente aos seus parceiros.

O Uirapuru, por sua vez, é um espírito encantado que se transformou em pássaro. Guardião dos amores e da boa sorte, seu canto é considerado tão poderoso e raro que, quando ele se manifesta, todos os outros pássaros silenciam para ouvi-lo, momento que sinaliza bênçãos e realizações.

Na cosmologia dos rios, destaca-se a presença da Boiúna, uma serpente gigante de corpo reluzente, que habita os fundos dos igarapés e rios. Seus olhos emitem uma luz hipnótica, atraindo pescadores e viajantes, sendo temida e reverenciada como uma força ancestral das águas.

Outro espírito importante é o Anhangá, um ser protetor da fauna e da floresta. Ele pode assumir diversas formas animais, mas frequentemente se manifesta como um veado de olhos flamejantes, surgindo para proteger os seres da floresta e afastar caçadores ou ameaças.

Os Kaingang, povo originário do sul do Brasil, narram que o mundo é regido por Mboi, uma divindade-serpente, filho de Tupã, que rege as águas, as forças da natureza e os destinos humanos.

Entre os mitos do Brasil profundo, também se encontra a figura da Mula sem Cabeça, uma mulher encantada que, por feitiço, se transforma em uma mula com labaredas no lugar da cabeça. Durante seu transe, emite luz pela ponta da cauda e dispara coices ferozes, mas, uma vez desencantada, retorna à sua forma de mulher bela e comum.

O Boitatá, por sua vez, é uma entidade protetora das matas e dos campos. Sua forma é de uma serpente ou fogo vivo que, segundo as narrativas, pune quem desrespeita a natureza, como aqueles que provocam incêndios ou destroem o meio ambiente.

No imaginário contemporâneo, relatos sobre o chupa-cabra, criatura misteriosa que atacaria rebanhos, sugando seu sangue, passaram a circular em diferentes regiões, tornando-se parte das lendas urbanas recentes, expressões da ansiedade moderna diante do desconhecido.

NO MUNDO

Nas tradições dos Iacutes da Sibéria, cada xamã possui uma entidade espiritual conhecida como "Ave-de-Rapina-Mãe", representada como um grande pássaro com bico de ferro, garras recurvadas e cauda longa. Essa entidade manifesta-se em dois momentos fundamentais: no nascimento espiritual do xamã e em sua morte física, sendo presença central no rito de iniciação. Durante esse processo, o iniciado vivencia uma visão em que seu corpo é desmembrado, seus ossos são retirados, e, em seguida, ele é reconstruído, simbolizando a morte do ser profano e o renascimento espiritual, que permite ao xamã transitar entre os mundos.

Mitos siberianos relatam que o primeiro xamã possuía poderes extraordinários e que seu corpo era formado por uma massa de serpentes, expressão do vínculo profundo com forças da terra e da transformação. Em algumas tradições, é a águia que cria o primeiro xamã, enquanto em outras, o Ser Supremo manifesta-se na forma dessa ave soberana, símbolo de elevação e visão espiritual. Essas cosmologias também preservam memórias de períodos em que as divindades femininas, como a “Grande Mãe dos Animais”, ocupavam o lugar de força suprema da Criação e guardiã dos seres vivos, refletindo a centralidade do feminino nas relações entre os mundos.

Entre os Buriates, o animal protetor associado ao xamã é chamado de “khubilgan”, termo que evoca a ideia de metamorfose, a capacidade de se transformar em animal, essencial para a travessia entre os mundos visível e invisível.

Nas práticas espirituais dos povos Inuit (esquimós), a iniciação do xamã inclui o encontro com o espírito do urso polar, que simbolicamente devora o iniciado, conduzindo-o ao renascimento espiritual e à integração com os poderes da natureza.

Na espiritualidade dos povos indígenas da América do Norte, os animais desempenham um papel central como guardiões, mestres e curadores. Entre as etnias do sudoeste, compreende-se que a doença pode surgir quando um espírito animal, ofendido ou negligenciado, introduz desequilíbrios no corpo do indivíduo. Cada animal carrega uma medicina própria, que auxilia os humanos tanto no plano físico quanto no espiritual. A conexão com esses aliados se expressa por meio de danças, pinturas corporais, uso de penas, peles e movimentos que imitam os animais, fortalecendo o elo com o mundo espiritual.

Um mito dos Iroqueses sobre a origem das doenças e dos remédios relata que no início os animais e os humanos viviam em harmonia e se comunicavam diretamente. Com o tempo, o crescimento da população humana e a intensificação da caça romperam essa convivência. Os animais, sentindo-se ameaçados, se reuniram em "conselhos" por espécies – mamíferos, aves, répteis, peixes e insetos – e decidiram que, como forma de defesa, causariam doenças aos humanos.

Por sua vez, os espíritos das plantas, solidários aos seres humanos, se ofereceram como aliados, indicando que para cada enfermidade haveria um remédio na floresta. Dessa aliança entre humanos e plantas, nasceu aquilo que se reconhece como medicina tradicional, reafirmando o princípio de que o equilíbrio e a cura dependem da reconexão com os saberes da terra e com os espíritos que habitam todos os seres vivos.

O Cachimbo Sagrado e a sabedoria dos animais icônicos

As penas do Cachimbo Sagrado (Chanunpa) são tradicionalmente da Águia Dourada, ave que simboliza o Sol Espiritual, a conexão direta com o Grande Mistério e a elevação da consciência.

No relato transmitido por Alce Negro (Black Elk), o Cachimbo Sagrado chegou ao povo por meio da Mulher Novilho Búfalo Branco, uma figura sagrada que trouxe aos povos das planícies os ensinamentos fundamentais para viver em harmonia com a Criação. De acordo com Joseph Campbell, essa mulher sagrada (*wakan*) representa o aspecto feminino do Búfalo Cósmico, símbolo do Universo em seu aspecto cíclico, lunar e renovador. Suas 28 costelas correspondem aos ciclos da lua, refletindo os ritmos da natureza e da vida. O Búfalo, em suas diferentes cores, expressa os diversos aspectos da existência:

- Vermelho, associado à Terra e à vitalidade, cor do fornilho do cachimbo.
- Branco, que representa a Mãe, a pureza e a renovação.
- Negro, vinculado à Avó, à sabedoria ancestral e ao mistério.

Na cosmologia dos povos das planícies norte-americanas, a vida é entendida como um movimento circular e interconectado. Esse princípio é expresso na construção da Roda Medicinal, uma mandala sagrada composta por 36 pedras, que representa tanto o Universo quanto os estados de consciência. Cada posição na roda possui um totem animal, vegetal, uma direção, uma cor e um princípio espiritual, formando um mapa simbólico da vida e das relações. A exceção é a primeira posição, que corresponde ao Criador, o Grande Mistério, representado tradicionalmente por um crânio de búfalo, símbolo da mente, da consciência e do centro espiritual da existência. Essa roda não é apenas um símbolo; é um instrumento de alinhamento, cura e compreensão da própria jornada humana dentro dos ciclos naturais e espirituais do mundo.

A Roda Medicinal: Caminhos de Sabedoria e Alinhamento com a Vida

Na visão dos povos originários da América do Norte, a vida se organiza em ciclos e movimentos circulares, representados pela Roda Medicinal, um mapa sagrado do Universo, da Consciência e das inter-relações entre todos os seres. Cada pedra da roda carrega um ensinamento, uma energia espiritual e um totem que expressa qualidades, virtudes e lições. A jornada pela roda é, ao mesmo tempo, um caminho externo e interno, onde se aprende a viver em harmonia com a natureza e consigo mesmo.

Energias Primordiais: Forças que já Estavam na Terra antes da Humanidade

A seguir vejamos as posições das pedras na Roda Medicinal:

	Pedra	Animal totem	Qualidade
1.	Criador	Todos os totens ou nenhum	Grande Mistério, a Fonte da Vida
2.	Mãe Terra	Grande Tartaruga	estabilidade, sustento e nutrição
3.	Pai Sol	Lagarto	luz, vitalidade, consciência
4.	Vovó Lua	Pato Selvagem	ciclos, emoções, intuição
5.	Clã da Terra	Tartaruga	solidez, proteção, constância
6.	Clã da Água	Sapo	purificação, sensibilidade, transformação
7.	Clã do Fogo	Pássaro-Trovão	poder, força espiritual, transmutação
8.	Clã do Ar	Borboleta	mudança, beleza, leveza, espírito em movimento

Os pontos cardeais e seus totens

No Hemisfério Norte

	Ponto cardeal	Animal totem	Qualidade
9.	Norte	Búfalo Branco	abundância, generosidade, gratidão
10.	Leste	Águia Dourada	visão ampla, clareza, iluminação
11.	Sul	Coiote	humor sagrado, aprendizado através dos desafios
12.	Oeste	Urso Cinzento	introspecção, cura, força interior

*Na transposição para o Hemisfério Sul**

	Ponto cardeal	Animal totem	Qualidade
9.	Sul	Búfalo Branco	renovação, sabedoria
10.	Leste	Águia Dourada	iluminação, inspiração, ver do alto
11.	Norte	Coiote	sagrada irreverência, emoções
12.	Oeste	Urso Cinzento	introspecção, força

As Doze Luas (ciclos do tempo e da vida)

	Lua	Animal totem
13.	Lua da Renovação	Ganso das Neves
14.	Lua da Limpeza	Lontra
15.	Lua dos Ventos Fortes	Puma
16.	Lua dos Novos Começos	Falcão
17.	Lua do Crescimento	Castor
18.	Lua da Floração	Cervo
19.	Lua dos Dias Longos	Pica-pau
20.	Lua do Amadurecimento	Esturjão
21.	Lua da Abundância	Urso Marrom
22.	Lua do Cair das Folhas	Corvo
23.	Lua da Decomposição	Cobra
24.	Lua das Noites Longas	Alce

* ARTESE, Léo. *O voo da águia*. São Paulo: Ajna Editora, 2023, 3ª edição.

Os Doze Caminhos Espirituais (qualidades da alma)

	Qualidade da alma	Animal totem
25.	Limpeza	Guaxinim
26.	Renovação	Minhoca
27.	Sabedoria	Coruja
28.	Clareza	Beija-flor
29.	Pureza	Golfinho
30.	Iluminação	Vaga-Lume
31.	Crescimento	Coelho
32.	Confiança/Fé	Salmão
33.	Amor	Lobo
34.	Experiência	Baleia
35.	Introspecção	Rato
36.	Força	Formiga

- 5 -

OS ANIMAIS NO XAMANISMO

Desde tempos imemoriais, os povos de diferentes tradições compreenderam que toda vida está interligada. No coração do xamanismo, os animais são reconhecidos como espíritos aliados, portadores de sabedoria, força e cura. Eles não são apenas criaturas do mundo natural, mas também emissários do mundo espiritual, guardiões de segredos antigos e professores dos caminhos da vida. Cada espécie carrega sua medicina, um conjunto de dons, atributos e ensinamentos que se manifesta nos quatro planos do ser: físico, emocional, mental e espiritual. Quando falamos na medicina da águia, na força do urso, na sabedoria da coruja ou na alegria do golfinho, estamos nos referindo a qualidades que podem ser invocadas, cultivadas e integradas na jornada pessoal.

O xamanismo ensina que, além do mundo visível, existe uma consciência coletiva que une todos os seres. Cada espécie possui um espírito mestre, um arquétipo que guarda sua essência e sua memória ancestral. Ao estabelecer uma conexão com esses espíritos, o ser humano não apenas aprende sobre si mesmo, mas também se alinha aos ritmos da Terra e aos ciclos sagrados da vida. Antigamente, muitos rituais utilizavam a energia dos próprios animais, às vezes por meio de sacrifícios, como uma forma de acessar forças espirituais. Hoje, a consciência se expande, e aprendemos que é possível percorrer esse mesmo caminho de poder e cura sem ferir os animais, apenas honrando, reverenciando e dialogando com os espíritos da natureza. O caminho da medicina animal é, portanto, um caminho de reconexão, um chamado para viver em harmonia, equilíbrio e respeito com todas as formas de vida. É um lembrete de que somos parte da mesma teia, irmãos e irmãs de quatro patas, de asas, de escamas ou de cascos, e que a sabedoria deles nos acompanha, desde que saibamos escutar.

Este capítulo é um convite para cruzar um portal. Para ouvir as vozes da floresta, dos ventos, das águas e dos céus. E para redescobrir, dentro de si, o antigo caminho que leva de volta ao coração do mundo.

ANIMAIS DE PODER

Os xamãs têm, ao menos, um animal de poder que atua como espírito guardião e intermediário no acesso a outras realidades. Durante as viagens xamânicas, o praticante assume os talentos do animal e passa a perceber o mundo sob uma perspectiva ampliada. Esses animais não apenas protegem os xamãs em trabalhos espirituais desafiadores, mas também são fontes de conhecimento e inspiração. Em determinadas correntes xamânicas, os animais são associados aos quatro elementos da natureza, embora haja variações entre as escolas e linhagens espirituais. De modo geral, essa classificação pode ser expressa da seguinte forma:

Classe	Elemento da natureza
Criaturas aquáticas e anfíbios	água
Aves	ar
Mamíferos	fogo
Répteis	terra

As *criaturas aquáticas* estão naturalmente ligadas ao elemento água e com frequência são associadas à proteção dos sonhos, ao acesso a conhecimentos ocultos e à facilitação de experiências como a projeção astral. Os anfíbios, por sua vez, ensinam a importância da reflexão e do uso construtivo das emoções (água) por meio da ancoragem na realidade (terra).

As *aves* representam o elemento ar, símbolo do movimento entre os mundos espiritual e material. As aves fazem a ponte entre o céu e a terra, evocando a inspiração, a intuição e a criatividade. O ar, em seu movimento como vento, expressa liberdade e comunicação sutil.

Os *mamíferos* são associados ao elemento fogo, simbolizam vitalidade, paixão e força instintiva. Representam coragem, liderança e a energia do coração. Exemplos como o búfalo, o lobo e o leão evocam abundância, lealdade, proteção e nobreza. No plano espiritual, ensinam a transformar a paixão em ação criadora e a cultivar o calor da comunidade.

Os *insetos* incorporam qualidades de adaptação, organização, fertilidade e capacidade de propagação. Suas características sugerem inteligência coletiva, proteção (através de carapaças) e profundo vínculo com os ciclos da natureza. A aranha, por exemplo, é vista por diversos povos nativos das Américas como uma Avó Criadora, capaz de tecer os fios do destino e gerar novas realidades a partir do invisível.

Os *répteis*, por fim, são considerados guardiões dos registros da Terra, conservadores de memórias arquetípicas e de sabedoria ancestral. Ensinaram à humanidade, segundo algumas mitologias, a sobrevivência, o desapego e o movimento instintivo e calculado.

RODA MEDICINAL: QUATRO DIREÇÕES, ELEMENTOS E SABEDORIAS

Direção	Elemento	Totem Animal	Portal Espiritual	Corpo Associado
Leste	Fogo	Águia Dourada	Iluminação e Clareza	Espiritual
Oeste	Terra	Urso Cinzento	Introspecção e Transformação	Físico
Norte*	Ar	Búfalo Branco	Sabedoria e Visão Elevada	Mental
Sul*	Água	Coiote	Emoções, Fé e Criatividade	Emocional

Observação:

No Hemisfério Sul, tradicionalmente, inverte-se a correspondência dos pontos cardeais quanto aos elementos e seus símbolos:

*Sul	Ar	Búfalo Branco	Sabedoria e Visão Elevada	Mental
*Norte	Água	Coiote	Emoções, Fé e Criatividade	Emocional

INVOCAÇÃO DO ANIMAL DE PODER

Os povos nativos tradicionalmente reconhecem que os clãs animais detêm grandes poderes medicinais, os quais podem ser compartilhados com os humanos, desde que estes estejam preparados para receber seus ensinamentos com sabedoria. Segundo o antropólogo Michael Harner, no livro *O caminho do xam*ã, quando uma pessoa adoece ou se encontra profundamente *desanimada*, isso pode ser interpretado, em termos xamânicos, como a perda de sua força animal. Nesses casos, ela se torna mais vulnerável física e espiritualmente.

Em diversas tradições xamânicas, invocar a presença espiritual de um animal é uma prática fundamental de reconexão com essa energia vital. A invocação pode ser compreendida como uma forma de prece ou chamada ritual, por meio da qual se convida o espírito de determinada espécie a aproximar-se e compartilhar seu poder, sabedoria e proteção. Esse processo não visa à comunicação com animais vivos ou mortos no sentido literal, mas sim à conexão com a essência arquetípica e espiritual daquele ser, a consciência coletiva de sua espécie, presente tanto no mundo natural quanto no plano espiritual.

Invocar um animal significa aproximar-se da totalidade de sua experiência simbólica: seus instintos, habilidades, inteligência e medicina. Ao conectar-se, por exemplo, com a águia, busca-se a visão elevada, a clareza espiritual e o poder transformador associados a esse arquétipo. Esse vínculo requer estudo, observação e respeito. A convivência simbólica com os animais permite desenvolver uma nova percepção da natureza e de si mesmo. Em um mundo marcado pelo avanço técnico e pela racionalidade, os espíritos animais continuam a oferecer formas de conhecimento intuitivo, conexão com o sagrado e cura profunda, disponíveis àqueles que se abrem à escuta e à reverência.

Os totens animais podem ser utilizados como ferramentas de autoconhecimento e de exploração dos mundos invisíveis. Cada animal carrega em si uma força arquetípica que se manifesta por meio de seus comportamentos, instintos e modos de ser. Essas qualidades simbólicas refletem aspectos da psique humana e podem ser acessadas como fontes de orientação e cura.

No ritual xamânico, é comum que um praticante conte com a presença de múltiplos animais de poder, que atuam como auxiliares espirituais para propósitos específicos. Ao longo do desenvolvimento das práticas e percepções, outros animais podem se revelar como aliados temporários ou situacionais. Ainda assim, costuma-se reconhecer a presença de um animal principal, aquele cuja ligação é mais profunda e constante.

Quanto à revelação do animal de poder, há diferentes abordagens entre as tradições xamânicas. Algumas recomendam discrição, preservando esse vínculo como algo íntimo e sagrado; outras permitem ou incentivam o compartilhamento. Em ambos os casos, sugere-se que a decisão seja guiada por discernimento, respeito e clareza de intenção.

O reconhecimento do animal de poder costuma ocorrer de forma espontânea e marcante. Ele pode se manifestar por meio de sonhos, visões ou experiências simbólicas, estabelecendo um contato que carrega um sentido inconfundível. É possível estabelecer comunicação com esse aliado espiritual, que acompanhará o praticante ao retornar da jornada xamânica, atravessando o túnel de volta à realidade comum. A partir desse momento, sua presença torna-se constante, oferecendo proteção, orientação e energia sempre que necessário.

Para estabelecer uma conexão com o animal de poder, recomenda-se iniciar práticas de meditação e visualização. Visualize o animal à sua frente, permitindo que a comunicação ocorra de forma intuitiva, sem recorrer à razão. Essa abordagem, guiada pela sensibilidade e pela abertura interior, como a mente de uma criança, favorece uma conexão mais profunda e espontânea. Com o tempo, é possível visualizar o animal fundindo-se ao próprio corpo, como expressão simbólica da integração entre suas qualidades e o praticante. Meditações em que a pessoa se imagina como o próprio animal são também recursos eficazes. Canções simples, repetitivas e espontâneas podem ser criadas como forma de reverência ou comunicação. Eventualmente, pode-se receber, por canalização, uma “Canção de Poder” ligada ao animal. Esse canto se torna uma ferramenta pessoal de fortalecimento anímico.

A função do animal de poder é preservar o equilíbrio da energia vital, física, emocional, mental e espiritual, oferecendo direção e proteção. Em situações cotidianas, sua presença pode ser invocada sempre que houver necessidade de força adicional, orientação ou cura.

CONEXÃO SIMBÓLICA COM O ANIMAL DE PODER

Entre os métodos tradicionais de conexão está a Busca da Visão, na qual o praticante se retira para um local isolado, como montanhas ou florestas, frequentemente em jejum, exposto aos elementos naturais, e em alguns casos utilizando plantas de poder. Durante esse retiro, espera-se por uma visão reveladora. Outra forma simples de invocar o espírito animal é por meio da visualização acompanhada de um chamado interior, feito com o coração.

Em momentos em que se busca mais coragem, por exemplo, pode-se recorrer à visualização de um leão e realizar a seguinte invocação: "Espírito do Leão, eu o chamo. Viva em mim e abasteça-me com sua coragem". Ao final, é recomendável agradecer ao espírito animal pelo auxílio recebido.

É importante compreender que essa prática diz respeito à evocação simbólica de qualidades, como coragem, foco ou intuição, representadas pelos animais. Trata-se de uma forma de reverência à Criação e não de culto a entidades nem de substituição da fé em um princípio divino maior.

Elementos visuais como imagens, objetos ou representações artísticas (fotos, esculturas, vestimentas) também podem reforçar a conexão simbólica. Outra prática comum é a imitação comportamental do animal, conhecida como dança animal, que busca alinhar o corpo e a mente à energia representada. Através do movimento, da vocalização e da expressão corporal, aproxima-se a vibração do animal invocado. Pode-se, por exemplo, caminhar e rugir como um leão, estender os braços e imitar o voo de uma águia, ou rastejar com a fluidez de uma serpente, integrando simbolicamente seus atributos ao próprio ser.

CANÇÕES DE PODER: A VOZ DO ESPÍRITO ANIMAL

Os xamãs recebem canções de poder enviadas por seus espíritos guardiões. Essas canções não são compostas, mas canalizadas, manifestações espontâneas de conexão psíquica e mediúnica com o mundo espiritual. Trazem cura, bem-estar, *insights* e estados ampliados de consciência.

Segundo Michael Harner, para receber uma canção de poder, recomenda-se buscar um local isolado, jejuar, evitar estimulantes e caminhar em silêncio, pedindo ao universo por essa dádiva. Quanto mais se canta essa canção, mais ela se impregna de força espiritual. Mesmo sem canalização espontânea, é possível invocar o espírito de um animal por meio de uma música simples.

A canção pode seguir uma melodia conhecida ou ser totalmente intuitiva. O importante é visualizar o animal, sentir sua presença e deixar que ele o preencha com suas qualidades, como pureza, sabedoria, alegria ou proteção. Essas invocações podem ser usadas no cotidiano: para tomar decisões, recuperar energia ou se proteger em ambientes carregados. Visualize o animal indo à sua frente, formando um círculo de proteção. O vínculo se fortalece com a prática e o contato regular.

No xamanismo, são realizados rituais com tambor para facilitar a conexão com o animal de poder. Uma prática complementar é a "Dança do Animal", na qual o praticante incorpora os movimentos, a energia e o espírito do animal, unificando-se com ele. Também são comuns as canções xamânicas, usadas para evocar e fortalecer esse vínculo. Ao evocar o animal com palavras e visualizações, você naturalmente descobrirá outras formas de comunicação intuitiva. Os animais podem enviar mensagens por meio de sonhos, ou manifestar-se por sincronicidades, surgindo inesperadamente em anúncios, camisetas, adesivos ou outras formas simbólicas.

Há muitas maneiras de facilitar essa conexão. Passar tempo em ambientes naturais é ideal, mas a invocação também pode ser feita em um jardim ou mesmo em um quarto preparado com imagens da natureza e plantas. Assim como os animais respeitam seu ambiente, quanto mais cultivarmos respeito e conexão com a natureza e todos os seus seres, mais nos alinhamos com essas energias.

Ao descobrir seu totem animal e estudá-lo, você aprenderá a fundir-se com sua essência e a invocar sua força sempre que necessário. Honrar o totem é honrar a força espiritual que ele representa, uma presença real e atuante. Aprender a trabalhar com essa energia é também aprender a linguagem da natureza, e, com ela, acessar seus mistérios e segredos.

A águia, minha guardiã

A primeira vez que participei de uma cerimônia do animal guardião, encontrei meu animal de poder, e com ele, pude realmente voar. A águia revelou-se como minha guia espiritual, conduzindo-me pelos caminhos que me levariam ao xamanismo. Só então compreendi o significado daquela visão de infância: aos 11 anos, vi uma imensa ave pousada sobre minha cama. Era a águia, já presente, aguardando o momento de se manifestar plenamente. A partir desse encontro, minha sensibilidade se aguçou, minha criatividade floresceu, e recebi sua canção de poder, que compartilho a seguir:

Minha guardiã

(Canção canalizada)

Águia, pra onde voas?
Águia, pra onde vais?
A voar, a voar, a voar, a voar,
A voar, a voar sem parar.

Águia, o que tu buscas?
Águia, o que tu procuras?
A voar, a voar, a voar, a voar,
A voar, a voar lá no céu.

Águia, não me abandone,
Guia o meu caminhar.
A voar, a voar, a voar, a voar,
A voar, a voar para mim.

És minha Guardiã,
Contigo não vou recuar.
Vou voar, vou voar, vou voar, vou voar,
Vou voar, vou voar com você.

Essa canção expressa minha reverência, confiança e união com o espírito da águia, símbolo de clareza, visão espiritual e força. Ela representa não só um guia nas jornadas interiores, mas uma presença viva que acompanha meu caminhar na vida.

O Condor

(Canção canalizada)

Das montanhas lá do alto,
Vem rasgando o céu azul,
Este pássaro sagrado
Desta América do Sul.

Ele é filho do Sol,
Do Mundo Superior.
Vem do Reino Imperial,
É o Príncipe Condor.

E minha consciência,
Para o alto ele levou.
Eu acalmo corpo e mente
Pra essa força que chegou.

Com seu olho tudo vê,
Com seu olho eu enxergo.
Lá do alto vou olhando,
E meu corpo eu entrego.

Ele vai e vai voando,
Também vou, vou muito além.
Do Pai Sol também sou filho,
Da Mãe Terra sou também.

Neste momento sublime,
Uma compreensão me vem:
Sei que posso ser divino
E viver aqui também.

Vou voando, vou voando,
Vou voando sem temor.
Vou voando nas alturas,
Vou pro Reino do Amor.

Vou pro Reinado Dourado
Com meu Eu Superior.
Neste céu tranquilo e calmo,
Vou nas asas do Condor.

Essa canção de poder canalizada retrata uma experiência espiritual profunda com o condor, pássaro sagrado das montanhas da América do Sul. Mensageiro do Mundo Superior e filho do Sol, o condor é apresentado como um guia espiritual que eleva a consciência e traz calma, clareza e expansão da percepção.

Ao voar com o condor, o praticante se conecta ao divino e desenvolve a capacidade de enxergar a vida de uma perspectiva mais ampla, simbolizada pelo olhar aguçado da ave. Essa jornada inspira o reconhecimento da própria natureza divina e a possibilidade de viver plenamente na Terra, alinhado com seu Eu Superior.

A canção descreve esse voo rumo ao Reino do Amor e ao Reinado Dourado, espaços simbólicos de paz, harmonia e realização espiritual. Nas asas do condor, o caminho se torna um portal para o autoconhecimento, a transcendência e a conexão com o sagrado. O condor, assim como outros animais de poder nas cosmologias ancestrais, carrega uma simbologia profunda. Da mesma forma, nas culturas mesoamericanas, o jaguar era associado à estrela da manhã, ao planeta Vênus, às chuvas e à proteção dos campos. Também representava a deusa da Lua e da Terra, reafirmando a ligação entre os animais sagrados, os ciclos naturais e o mundo espiritual.

A medicina da águia

A medicina da águia é poderosa. Ela voa alto, acima da ignorância humana, ajudando-nos a ultrapassar os limites deste mundo e acessar outros reinos. É uma aliada no despertar dos dons xamânicos, conduzindo-nos em viagens pelos mundos invisíveis. Com os olhos da águia, vemos através da luz solar, iluminando a verdade oculta nas sombras da ilusão. Sua visão nos permite contemplar a vida com clareza, sem os véus do medo, dos julgamentos ou das preocupações. Voando acima dos detalhes, aprendemos a focar no essencial e a expandir o espírito. Sua medicina é também a liberdade: ela não se prende a vícios nem a padrões limitantes. Ensina-nos a enfrentar nossos medos mais profundos, a ampliar a percepção de quem somos, e a ir além dos horizontes visíveis.

A águia é símbolo da energia solar e masculina, considerada por algumas tradições como leão alado. No meu caso, ter a águia e o leão como guardiões seria apenas coincidência? Talvez não. Ao me conectar com meu animal guardião, as respostas começaram a surgir de formas inesperadas: em anúncios, adesivos, estampas de camisetas, nuvens no céu, sonhos. O portal da sincronicidade se abriu, revelando uma nova escuta do mundo. Passei a ter sensações físicas, na testa, nas sobrancelhas, nas costas, como se estivesse me transformando. Às vezes, ao me olhar no espelho, vejo no meu rosto a imagem do meu animal de poder. Em diversas cerimônias, amigos e participantes me dizem ver esse aliado em mim, seja no meu rosto ou pairando acima de mim.

Em uma cerimônia do Cachimbo Sagrado com o xamã Coiote-em-Pé, seu filho, que mal me conhecia, compartilhou a visão que teve: eu corria por uma vasta planície e, de repente, me transformava em uma águia. Outra vez, em minha casa durante um ritual do Chanunpa conduzido pelo xamã David Geiger, da tradição Lakota, ele teve uma visão em que uma águia me sobrevoava e deixava cair várias penas, que formavam um cocar.

Plantas de poder e a visão animal

O xamanismo com plantas de poder, como *ayahuasca*, *peyote* ou *San Pedro*, também reforça a conexão entre o ser humano e o reino animal. Nessas experiências visionárias, é comum o surgimento de animais como a serpente, o jaguar (um dos mais frequentes), além de águias, condores, lobos e outros. Esses encontros simbólicos revelam forças espirituais profundas, ampliam a percepção e reafirmam a presença do animal como guia e mestre interior.

No livro *O Feiticeiro do Alto Amazonas*, Bruce Lamb descreve uma experiência visionária sob o efeito da *aya-huasca*, bebida sacramental dos povos que habitam a floresta tropical no leste do Peru, estendendo-se do sopé dos Andes até a fronteira com o Brasil, no Acre e no sul do Amazonas. A visão inicia-se com o canto da jiboia, anunciando o surgimento de uma serpente gigantesca que desliza pela mata. Seus olhos e língua cintilavam em luzes vibrantes, enquanto os desenhos de sua pele irradiavam cores intensas e hipnóticas. Em seguida, surgem outras serpentes, como surucucus e jararacas, em meio a um desfile de animais. Depois, os pássaros: em especial, os gaviões. Com o canto do gavião, aparece uma enorme águia, cujos olhos amarelos faiscavam com intensidade. Logo após, outros animais se manifestam, grandes e pequenos, cada um revelado por seu próprio canto.

Tive uma visão muito intensa durante um trabalho espiritual com o Santo Daime, na comunidade Céu da Montanha, com o Padrinho Alex Polari, em Mauá, no Rio de Janeiro. No auge do efeito da bebida sacramental, senti meu corpo leve e tive a nítida sensação de estar voando nas costas de uma águia. Em seguida, não era mais passageiro: eu me tornara a própria águia. Via toda a paisagem do alto, sentia o vento no rosto, eu voava.

Anos depois, no Peru, durante uma cerimônia de *ayahuasca* conduzida pelo xamã Mateo Arevalo, da etnia Shipibo, em Pucallpa, tive outra visão marcante. Ao olhar para o céu, vi uma enorme esfera dourada que cortava a escuridão, vindo em minha direção. Dela surgiu um imenso leão, com uma juba majestosa que ondulava ao vento. Ele parou no ar, bem diante de mim, fixando os olhos nos meus. Não senti medo, apenas um profundo deslumbramento diante daquela presença poderosa. Ao final da cerimônia, Mateo me disse:

— A *ayahuasca* abriu o seu mundo. E o seu mundo é o dos Leões. Você sabe o que está por trás do seu nome, Léo? Léo é Leão! A partir de agora, você deve trabalhar com essa força também.

Em Machu Picchu, durante uma cerimônia com *Wachuma* (o cacto San Pedro), conduzida por meu amigo e curandeiro Agustin, tive visões intensas de animais sagrados: o condor, o puma, elefantes e outros seres de poder. Em outra ocasião, num ritual de cura do Santo Daime, em Camanducaia (MG), senti meu nariz e boca vibrarem e crescerem, e percebi, com clareza, que estava com a cabeça de um lobo. Logo depois, já era o próprio lobo, caminhando por uma floresta.

Em uma cerimônia realizada para curar meu pai, tive uma sensação de incorporação: tornei-me uma águia e, em pleno voo, consegui acessar informações profundas sobre sua saúde. Ressalto que não se trata aqui de uma incorporação mediúnica no sentido comum, mas sim de uma fusão com a força espiritual do animal guardião, uma forma de conhecimento direto e sutil.

O conceito de animal de poder é central em muitas tradições xamânicas ao redor do mundo. Representa qualidades, energias e características simbólicas que ressoam profundamente com cada pessoa. Esses animais não são vistos como seres externos, mas como expressões do eu interior, arquétipos vivos que revelam aspectos da alma e potencialidades a serem desenvolvidas. Sua presença inspira coragem, sabedoria e força em momentos de desafio, oferecendo orientação e proteção espiritual.

A conexão com o animal de poder pode surgir em sonhos, meditações ou jornadas com tambor. Uma vez reconhecido, inicia-se uma relação profunda, em que a pessoa aprende a escutar, honrar e integrar os ensinamentos desse aliado espiritual em sua vida cotidiana. Essa conexão com o animal de poder não só fortalece a pessoa individualmente, mas também ajuda a fortalecer a conexão dela com a natureza e com o mundo espiritual mais amplo, lembrando-a de sua interconexão com todas as formas de vida.

Muitas tradições xamânicas ensinam que o animal de poder está profundamente ligado à missão espiritual de cada pessoa. Ele reflete aspectos essenciais de nossa natureza e aponta qualidades que precisamos desenvolver para realizar nosso propósito nesta vida. Além de proteger e orientar, o animal de poder desperta dons adormecidos, inspira coragem diante dos desafios e nos ajuda a caminhar com mais consciência e verdade. Ao cultivar essa conexão, alinhamo-nos com nossa essência e com o papel único que temos no grande tecido da existência.

Todas as visões que tive, por mais belas que tenham sido, trouxeram ensinamentos mais profundos do que as imagens podem contar. Os significados e transformações que elas provocaram, prefiro manter no mistério.

Reconectar-se com os animais de poder é reconectar-se com a Terra. É lembrar que fazemos parte de um Todo sagrado, e que a medicina de cada animal pode nos guiar de volta à harmonia.

CRENÇAS E MITOS SOBRE OS ANIMAIS TOTÊMICOS

Crenças

- Todo animal possui um espírito poderoso.
- Esse espírito pode ser o próprio ou uma entidade espiritual que adota a forma animal para transmitir mensagens ao mundo humano.
- Cada animal carrega talentos únicos; estudar essas qualidades revela a medicina, a magia e a força que ele pode oferecer ao nosso crescimento pessoal.
- Animais de poder são geralmente selvagens; animais domesticados, como cães e gatos, podem servir de elos de transição (o cão conduz ao lobo, o gato ao tigre).
- As energias dos animais atuam em nós porque somos microcosmos do universo.
- O animal escolhe a pessoa, não o contrário. Não há animal "melhor" ou "pior": há o certo para você.
- A conexão se fortalece com tempo, prática e paciência: cultive, observe, confie.
- Honrar o totem é expressar essa conexão por meio de imagens, amuletos, roupas e também apoiar de forma concreta a vida selvagem.

Mitos

- Dançar imitando o animal (movimentos, gestos, sons) é uma forma de invocação que ativa sua energia.

- A imaginão é um elo real com o mundo espiritual, permitindo acessar o poder simbólico do animal.
- O animal de poder atua como chave para outros totens; trabalhar com ele abre portas para arquétipos mais amplos.
- Além do totem principal, há animais auxiliares que acompanham fases, desafios ou dias específicos.
- Um mesmo animal pode acompanhar várias pessoas, mas de forma única, pois cada vínculo é pessoal.

- 6 -

OS ANIMAIS SOMBRA

Se você não consegue enxergar sua própria sombra, é porque precisa procurá-la.
Ela se esconde na vergonha, nos becos escuros, nas passagens secretas e nos sótãos fantasmagóricos da consciência.
Ter um lado sombrio não é uma falha, é ser completo.
Há uma dura verdade a ser confrontada.

Deepak Chopra

Em muitas tradições xamânicas, os animais de poder são associados a virtudes e forças curativas, são guias, protetores e aliados espirituais. No entanto, assim como a luz projeta sombra, também existem aspectos ocultos da alma que se manifestam sob a forma de animais simbólicos. Esses animais sombra não são inimigos a serem combatidos, mas mensageiros que revelam feridas não curadas, impulsos reprimidos e verdades difíceis de encarar.

Integrar a sombra não significa ceder aos seus impulsos destrutivos, mas reconhecê-los com consciência e aprender com o que eles têm a ensinar. Afinal, somente ao encarar o que nos assusta é que podemos transformar escuridão em força e medo em sabedoria.

Entre os povos indígenas da América do Norte, há um conto ancestral que ilustra com simplicidade e profundidade essa batalha interna entre as forças da luz e da sombra, uma luta que todos travamos ao longo da vida. Segundo essa narrativa, um avô sábio reunia seus netos ao redor da fogueira para compartilhar histórias e ensinamentos ancestrais. Em uma dessas noites, ele contou a história dos dois lobos que vivem dentro de cada um de nós. "Quando chegamos a este mundo, trazemos conosco dois lobos", começou o avô, olhando nos olhos curiosos das crianças. "Um é sombrio, representa a raiva, o medo, a inveja, a tristeza, a arrogância e o egoísmo. O outro simboliza a paz, o amor, a esperança, a humildade, a bondade e a verdade."

Os netos ouviam atentamente, fascinados pela história do avô. Ele continuou: "Esses dois lobos brigam a vida inteira dentro de nós, lutando pelo domínio de nossos pensamentos, sentimentos e ações". Os netos pensaram sobre isso por um momento e então um deles perguntou ao avô: "Qual lobo vai vencer?". E o avô respondeu: "Aquele que você alimentar mais".

Esse ensinamento nos lembra que a sombra não deve ser ignorada, mas compreendida. O avô não sugere eliminar o lobo sombrio, mas alerta sobre o poder da atenção consciente. Tudo aquilo que alimentamos com pensamento, emoção ou ação tende a crescer dentro de nós.

Ao reconhecer o animal que habita nossa sombra, podemos dialogar com ele, compreender seus sinais e transformar sua energia. Esse é o caminho do xamanismo: transitar entre mundos visíveis e invisíveis, integrando todas as forças que nos constituem. Afinal, não se trata de ser apenas luz ou sombra, mas de ser completo.

Há uma versão mais profunda dessa história, transmitida também por sábios Cherokees. Quando um dos netos perguntou ao avô qual lobo venceria, ele respondeu: "Se você os alimentar bem, ambos vencerão. Se eu escolher alimentar apenas um lobo o outro ficará à espreita, esperando por uma chance de chamar a atenção que deseja. Estará sempre irritado, ressentido, pronto para atacar no primeiro sinal de fraqueza do outro. Mas se eu o reconhecer e o escutar, ele se acalma, assim como o outro lobo. Ambos têm qualidades valiosas: um traz coragem, resistência, instinto e estratégia. O outro lobo traz compaixão, discernimento, serenidade e generosidade. Um precisa do outro ao seu lado. Alimentar apenas um e rejeitar o outro os enfraquece, e torna ambos incontroláveis. Mas quando você cuida de ambos com equilíbrio e respeito, eles trabalham juntos, em harmonia. E essa união interior abre espaço para algo maior: a escuta das vozes mais profundas do espírito, que nos guiam com sabedoria nas escolhas da vida. A paz interior é a maior das conquistas, porque quem a alcança, tem tudo. Quem é consumido por sua guerra interna, não tem nada. A forma como lidamos com essas forças opostas dentro de nós é o que define nossa existência. O verdadeiro caminho é o da harmonia".

Essa releitura amplia o sentido original: a sombra não precisa ser derrotada, mas compreendida. Não se trata de escolher entre um lobo ou o outro, mas de aprender a integrá-los, permitindo que cada um revele sua medicina. É assim que se forma o guerreiro espiritual: não pela negação de suas sombras, mas pela comunhão consciente com todos os seus aspectos, claros e sombrios, que o tornam inteiro.

Na jornada xamânica, o encontro com o animal sombra é inevitável. Essa entidade, muitas vezes assustadora e ameaçadora, personifica os aspectos de nós mesmos que tendemos a julgar como negativos: medos profundos, desejos reprimidos, segredos inconfessáveis, impulsos que preferimos negar. Ele representa a face oculta da psique, aquela que evitamos encarar, mas que persiste à espreita.

O animal sombra desafia nossa autoimagem e nos obriga a confrontar o que foi excluído de nossa consciência. Embora possa ser uma experiência desconfortável, esse encontro é essencial para o crescimento interior. Ele nos oferece a chance de reconhecer, integrar e transformar o que está na sombra, não para justificá-lo, mas para acolhê-lo com consciência. Esse arquétipo nos revela os limites que criamos ao reprimir nossa espontaneidade, ao temer mudanças ou correr riscos. Ele nos mostra como padrões autolimitantes se formam e persistem. Encarar o animal sombra é um ato de coragem espiritual: ao integrá-lo, não nos tornamos mais sombrios, tornamo-nos mais inteiros.

Ao reconhecer e integrar a sombra, libertamo-nos das máscaras que usamos para sobreviver ou obter poder, e nos aproximamos da nossa essência mais autêntica. Esse processo é um convite a acolher todas as nossas partes, inclusive as que consideramos frágeis, imperfeitas ou indesejáveis. É ao enfrentar a sombra que começamos a viver com mais autenticidade, alinhados com nossa verdadeira natureza e missão de alma.

O animal sombra pode se manifestar de muitas formas, frequentemente surgindo como uma figura ameaçadora em sonhos, visões ou estados alterados de consciência. Ele nos testa, desafiando-nos a encarar o medo e a transmutá-lo em força. Ao acolhê-lo com coragem e escuta interior, transformamos a energia reprimida em uma fonte criativa e libertadora.

Os animais sombra são tão significativos quanto os animais de poder, pois representam aspectos inconscientes que moldam nossos comportamentos e reações. Eles carregam medos, impulsos reprimidos, traumas não superados, raivas abafadas, carências antigas, conteúdos que, uma vez integrados, deixam de nos controlar e passam a colaborar com nossa cura e expansão. Trabalhar com a sombra, no caminho xamânico, é um processo profundo e transformador. Exige presença, paciência e honestidade. E é justamente nesse mergulho que reside o potencial de uma verdadeira libertação: quando deixamos de fugir do que nos assusta, passamos a acessar o poder contido no que antes rejeitávamos. E é assim que a escuridão se torna luz.

ANIMAL DE PODER E ANIMAL SOMBRA

Como foi visto, o animal sombra representa os medos internos que precisamos encarar e transformar. Enquanto esses medos forem evitados ou reprimidos, eles podem bloquear nosso progresso e fazer com que as energias do animal sombra atuem contra nós. No entanto, ao aceitar sua presença e escutar sua mensagem, esse animal se torna um aliado poderoso, um guia para o autoconhecimento e a transmutação interior. Seu aparecimento nos sonhos ou rituais pode causar medo ou desconforto, pois toca em conteúdos profundos da psique que evitamos encarar. No entanto, ele também possui valor simbólico e terapêutico, pois nos revela o que precisa ser iluminado para que nos tornemos mais completos.

Trabalhar com ambos, o animal de poder e o animal sombra, é essencial no xamanismo. O primeiro traz lições espirituais, que podem exigir mudanças práticas e existenciais. O segundo nos mostra as zonas ocultas da alma, que ao serem reconhecidas deixam de exercer poder inconsciente sobre nós.

O xamanismo ensina que todos carregamos o peso de experiências difíceis, emoções não resolvidas e episódios de dor ou vergonha. O trabalho com a sombra não é apenas um caminho de perdão, mas de reintegração. Ele nos convida a aceitar plenamente nossa trajetória, reconhecendo que cada ferida pode também ser uma fonte de cura e poder. Abraçar a totalidade do que somos, inclusive aquilo que escondemos, é o primeiro passo rumo à liberdade interior e à verdadeira transformação espiritual.

A sombra se manifesta de muitas formas: em hábitos autodestrutivos, em pensamentos recorrentes, em sentimento de culpa ou em segredos enterrados nas profundezas da alma. São fragmentos de nós mesmos que evitamos olhar de frente, tanto diante dos outros quanto de nós mesmos. No xamanismo, a sombra representa as partes de nossa alma ainda não iluminadas pela consciência. A negação da sombra, tanto em nível individual quanto coletivo, gera desequilíbrios que se refletem no mundo físico. Vemos isso nas estatísticas que denunciam a desigualdade, a violência, a desconexão com a natureza e com o sagrado. Reconhecer e integrar a sombra é, portanto, um passo essencial para a cura, não apenas pessoal, mas também planetária. Negar a sombra é negar nossa inteireza. Como seguidores do caminho xamânico, devemos trazer luz a todos os aspectos da existência, compreendendo que é justamente na acolhida e integração da sombra que reside a verdadeira medicina.

JORNADA PARA ENCONTRAR COM O ANIMAL SOMBRA

Libere seu corpo espiritual do corpo mental e caminhe em direção ao "túnel" que leva ao Mundo Profundo.

Ao atravessar o portal, invoque seu animal de poder e peça que o conduza até o mundo onde habita sua sombra pessoal. Você sentirá a transição: a divisão entre luz e escuridão.

À medida que adentra o Mundo Sombrio, permita-se reviver situações em que sua sombra se manifestou. Conecte-se com as emoções e memórias que emergirem, são elas que atrairão seu animal sombra até você.

Quando sentir sua presença, comunique-se com ele.

Diga o que sua presença tem provocado em sua vida: os desafios, dores ou padrões repetitivos. Então, com sinceridade, manifeste o desejo de perdoar, libertar e oferecer-lhe um caminho de retorno para casa.

Peça ao seu animal sombra que revele sua imagem toda vez que sua energia tentar se manifestar em você, para que, nesse momento, você possa escolher agir com consciência e espírito.

Envie amor, compaixão e proponha uma aliança baseada nas virtudes. Lembre-se: o guia de sombra é poderoso. Pode ajudá-lo a superar o medo, revelar verdades profundas e transformar sua energia em força aliada. Mas, se for ignorado, seus poderes podem agir negativamente, bloqueando seu caminho. O guia de sombra habita o mundo dos espíritos, o mundo profundo da consciência, e costuma surgir em períodos de provação e transformação.

Esteja preparado. Escute. Acolha. Transforme.

- 7 -

A IMAGEM EM AÇÃO

Nós somos o que pensamos.
Tudo o que somos nasce dos nossos pensamentos.
Com eles, construímos o mundo.
Se forem impuros, o sofrimento nos seguirá
como a carroça segue os bois.
Se forem puros, a felicidade nos acompanhará
como uma sombra firme e inabalável.

Buda

A LINGUAGEM DOS REINOS INVISÍVEIS

Muitas pessoas confundem imagem com ilusão. No entanto, a imaginação é uma força da mente, é o princípio da criação. Tudo o que é criado, antes foi imaginado. É por meio dessa faculdade que podemos acessar outros reinos, recuperar saberes esquecidos, favorecer a cura e alcançar visões e introvisões carregadas de significado.

No que chamo de *imagem em ação*, as energias espirituais se entrelaçam com o mundo físico. Trata-se de uma realidade que opera além dos sentidos, revelando formas, cores e símbolos que ampliam a consciência e despertam a intuição. É esse processo que favorece a conexão com o totem animal, ativando sua energia em nós e trazendo-a para a vida cotidiana.

Crianças frequentemente sonham com animais, e isso deveria ser mais considerado. Essas imagens não são meras fantasias: são portas para uma linguagem profunda, instintiva e ancestral. Em vivências e *workshops*, ouvi relatos de curas significativas, visões transformadoras, reencontros com a natureza e com o próprio poder interior. Muitos saíram de situações difíceis após essa conexão. Em estado comum de consciência, estamos limitados pelas leis de causa e efeito, presos à linha do tempo. Mas ao compartilhar da consciência de um "animal", o ser humano pode transcender tempo e espaço, vivenciando um estado mais amplo de realidade. Ao se tornar animal, a vida se vitaliza, e o mundo, de alguma forma, se renova.

No livro *A Imaginação na Cura*, Jeanne Achterberg destaca a influência dos aspectos psicológicos e emocionais sobre o sistema imunológico, ressaltando o poder transformador da imaginação. Em todo o mundo, o uso de placebos tem demonstrado efeitos notáveis: redução da dor, da náusea, da ansiedade e até mesmo diminuição de células tumorais. Longe de representarem engano, os placebos e o poder da sugestão revelam-se eficazes em pessoas que buscam ativamente a cura.

Práticas mentais, rituais do vodu, visitas a santuários religiosos, atendimentos médicos e o uso de placebos têm algo em comum: todas visam alterar as imagens internas e as expectativas que o indivíduo tem sobre sua própria saúde. E essas imagens, por sua vez, são capazes de provocar mudanças fisiológicas profundas. Assim como podemos adoecer em consequência de condutas desequilibradas, ou mesmo perecer por efeito de feitiços e mágoas, também somos plenamente capazes de nos curar. O corpo humano não guarda segredos: ele nunca mente. Cada pensamento, seja do passado ou do presente, deixa sua marca. As imagens que cultivamos dialogam com os tecidos, os órgãos e até mesmo com as células, promovendo mudanças profundas e influenciando diretamente nossa saúde e bem-estar.

Os xamãs compreendem, em um nível espiritual, a profunda conexão entre corpo, mente e alma. Seu trabalho ritual tem efeito terapêutico direto sobre o paciente, ao evocar imagens vívidas e induzir estados alterados de consciência que favorecem o processo de autocura. À medida que ampliamos nosso conhecimento sobre o extraordinário sistema imunológico, tudo indica que muitas das doenças graves da humanidade poderiam ser controladas, ou até mesmo evitadas, se fôssemos capazes de treinar esse sistema para operar com plena eficácia.

Quando a vida é drasticamente abalada, o processo vital como um todo pode ser afetado. Em muitos casos, a própria doença se instala após uma mudança significativa que esvazia a existência de sentido. Perdas, rupturas ou traumas profundos podem desorganizar o equilíbrio interno, abrindo espaço para o adoecimento. O estresse agrava o desenvolvimento do câncer, desencadeia crises em pacientes com artrite reumatoide e leva asmáticos a procurarem atendimento de urgência diante da falta de ar.

Embora o sistema imunológico seja severamente impactado por pensamentos e comportamentos nocivos, ele também pode ser fortalecido por ações conscientes. Pesquisas recentes demonstram que imagens mentais específicas, emoções positivas, sugestões e a capacidade de lidar com o estresse de forma controlada podem aumentar de modo significativo a eficácia do sistema imunológico no combate às doenças. Estudos confirmam que ele está sob influência direta do sistema nervoso central, em especial das regiões cerebrais responsáveis pela percepção da imagem corporal.

No xamanismo, os caminhos são, antes de tudo, espirituais. É como mestres de saberes que os xamãs atuam com êxito, dominando a arte de entrar e sair de estados ampliados de consciência e conectar-se com forças aliadas, como os animais guardiões. Para o xamã, a cura é, antes de tudo, uma questão espiritual. A doença tem origem no mundo invisível, é lá que reside seu verdadeiro significado. No xamanismo, o problema essencial não está no sintoma externo, mas na perda de poder pessoal que abriu caminho para a invasão: seja por uma flecha, um espírito nocivo ou um trauma não resolvido. O tratamento, portanto, consiste primeiramente em restaurar o poder da pessoa doente, e só então em neutralizar a força que causou o desequilíbrio.

Saúde, nessa perspectiva, é estar em harmonia com a dimensão espiritual do mundo. É perceber, de forma intuitiva, que o Universo e todos os seus seres – animais, plantas, estrelas, minerais – compartilham uma mesma origem. Estar saudável é saber conversar com o invisível, é reconhecer a continuidade entre vida e morte. É acolher as experiências com presença e sensibilidade, sentindo suas nuances, entendendo seus significados. Ser saudável, enfim, é expandir-se além dos limites da consciência ordinária e sintonizar-se com os sussurros e vibrações do Universo.

O PODER DA IMAGINAÇÃO

É comum os xamãs fazerem dietas antes de realizar um trabalho espiritual exigente. A dieta pode envolver a abstenção de comida, sal, doces e até mesmo de água. Outras formas de privação incluem noites sem dormir, algo que, aliás, tende a acontecer naturalmente durante rituais prolongados.

O efeito placebo está intimamente ligado ao poder da imaginação. O termo deriva do latim *placebo*, que significa "agradarei". Cada pensamento gera uma resposta eletroquímica no corpo. O alívio da dor, por exemplo, ocorre quando o placebo estimula a liberação de substâncias como endorfinas e encefalinas. Assim como o xamã de uma etnia tradicional pode validar sua cura com gestos simbólicos, como cuspir um pedaço de algodão embebido em sangue no momento certo, o poder da crença atua como catalisador para a transformação fisiológica e espiritual. Toda cura tem algo de mágico. Há um denominador comum entre o curador indígena e o médico ocidental: a confiança. Tanto o paciente quanto o curador precisam acreditar na cura, sem essa fé mútua, a magia não acontece. Thomas Edison disse certa vez: "O médico do futuro não dará remédios, mas tornará seus pacientes interessados nos cuidados com o corpo humano, na nutrição e nas causas e prevenções das doenças".

A produção ou inibição da serotonina tem sido associada a estados de intensa atividade imaginativa, como o sono com sonhos, a esquizofrenia e os efeitos provocados pela dietilamida do ácido lisérgico (LSD) ou plantas de poder, os enteógenos. Sentimentos, pensamentos e imagens são capazes de desencadear a liberação de substâncias químicas no corpo, e essas mesmas substâncias, por sua vez, podem reforçar estados emocionais específicos. O equilíbrio químico é essencial para a manutenção da saúde e pode ser afetado ou restaurado por uma ampla gama de comportamentos, como alimentar-se, beber, praticar exercícios ou até mesmo pensar. As endorfinas, por exemplo, são encontradas em alta concentração no sistema límbico, no tálamo e em diversas áreas envolvidas na percepção da dor. Também estão presentes em regiões do cérebro responsáveis pela respiração, atividade motora, regulação hormonal e humor. Acredita-se que as endorfinas estejam relacionadas ao aumento da tolerância à dor observado em situações extremas, como atos heroicos em combate, partos e traumas graves, embora as evidências diretas sobre isso ainda sejam limitadas.

No campo do comportamento, a imagem pode ser utilizada como uma variável transformadora, capaz de reestruturar o significado de uma situação de modo que esta deixe de gerar sofrimento. Essa reformulação simbólica implica a diminuição da ansiedade e de outras reações emocionais negativas, bem como o enfraquecimento de comportamentos considerados respostas a estímulos que causam ansiedade.

O curador popular costuma alcançar êxito por sua habilidade em oferecer esperança, fortalecer a autoestima e auxiliar o indivíduo em sofrimento a encontrar uma forma de aceitação dentro de sua comunidade. A atenção dedicada ao paciente eleva seu senso de valor pessoal, especialmente quando o curador invoca forças sobrenaturais em seu favor, o que reforça ainda mais a ideia de que o paciente é digno de cuidado e intervenção espiritual. Rituais, práticas divinatórias e procedimentos terapêuticos, nesses contextos, derivam de uma visão de mundo mágico-religiosa. Eles atuam sobre os aspectos irracionais da psique, mobilizando emoções profundas e respondendo a necessidades simbólicas por meio de criações metafísicas da imaginação.

Há fortes evidências de que a imaginação opera com mais liberdade quando o corpo está em repouso, especialmente quando não há competição do sistema motor pela atenção cerebral, sendo particularmente eficaz quando a pessoa está deitada de bruços. As imagens mentais carregam mensagens que o sistema imunológico compreende. Elas funcionam como pontes entre o pensamento consciente e os glóbulos brancos, acionando respostas internas de forma tão precisa e eficaz que nem mesmo o imunologista mais experiente poderia comandar com igual exatidão.

A MOÇA E O URSO: CAMINHOS INESPERADOS DA CURA

Certa vez, uma mulher abatida me procurou em busca de ajuda. Estava fragilizada, adoecida, com o rosto e o pescoço marcados pela acne, desempregada e com a autoestima destruída. Convidei-a a participar, ali mesmo, da Meditação dos Animais de Poder que aconteceria com o grupo naquele dia. Durante a prática, cada participante teve a oportunidade de ouvir a voz simbólica de seu animal guia. A mensagem dela foi surpreendente: o urso apareceu e disse apenas: "Tome mel". A jovem detestava mel. Saiu descrente, mas disposta a seguir o conselho: passou a pingar algumas gotas de mel nas bebidas e, com o tempo, incorporou o alimento ao seu dia a dia.

Quatro meses depois, voltou irreconhecível, pele limpa, sorriso no rosto, emprego novo, outra energia. A única coisa que ainda não havia mudado era encontrar um namorado, mas, quem sabe, hoje já tenha até netos.

Às vezes, a cura começa com um gesto simples, mas que exige abertura interior. O animal de poder nos fala com símbolos. Se ouvirmos com o coração, mesmo a orientação mais improvável pode abrir as portas da transformação. Essa história mostra que, ao seguirmos as mensagens da nossa intuição, por mais inusitadas que pareçam, podemos nos abrir para curas e transformações reais. Às vezes, as respostas que buscamos estão exatamente onde menos esperamos: dentro de nós, aguardando o momento certo para serem ouvidas e aceitas.

- 8 -

VIVÊNCIAS

Este capítulo reúne práticas e experiências destinadas a aprofundar sua conexão com os reinos sutis da natureza e com a sabedoria ancestral dos animais de poder. Por meio de visualizações, rituais e exercícios de sensibilização, você será guiado a vivenciar, de forma intuitiva e simbólica, os ensinamentos do xamanismo. Mais do que compreender com a mente, aqui o convite é sentir com o coração, abrir espaço para que o sagrado se revele em sua própria linguagem, através do corpo, da respiração, das imagens interiores e da escuta silenciosa.

Para facilitar a preparação e a realização das vivências em grupo, você pode se basear no roteiro das Práticas de Vivência a seguir.

CONEXÃO COM SEU ANIMAL GUARDIÃO

Comece este ritual com o coração aberto e a mente livre de preocupações. Volte-se para a parte de você que sente mais do que pensa. Escolha um local tranquilo, onde não será perturbado.

Roteiro do Ritual

1. Cerimônia de limpeza com ervas

Use sálvia, alecrim, alfazema, cedro, artemísia ou tabaco. Queime a erva dentro de uma concha (elemento água). A própria erva representa a terra, o fogo é o fogo da queima, e a pena usada para abanar simboliza o ar. Volte-se para cada direção sagrada:

- Leste: "Espírito do Leste, de onde chega a luz. Portal do Fogo, ilumine-me".
- Sul (ou Norte no hemisfério Sul): "Portal da Água, fortifique-me".
- Oeste: "Portal da Terra. Me transforme".
- Norte (ou Sul no hemisfério Sul): "Portal do ar, informe-me".
- Céu: "Grande Força Masculina, dê-me poder".
- Terra: "Grande Força Feminina, nutra-me".

Por fim, passe a fumaça por todo seu corpo, dos pés à cabeça.

2. Preparação corporal e mental

Deite-se confortavelmente. Faça respirações rítmicas (inspira/retém/expira/retém) em ciclos de 7 segundos, por 10 respirações. Relaxe conscientemente cada parte do corpo. Visualize a energia da terra subindo e a energia do céu descendo, encontrando-se em seu coração.

3. Viagem ao espaço sagrado

Imagine um local natural que represente seu espaço sagrado. Visualize seu corpo espiritual se desprendendo do corpo mental. Caminhe até encontrar uma "abertura subterrânea": o Túnel do Mundo Profundo. Entre e siga adiante até encontrar a porta para o Mundo Inferior.

4. *Encontro com o animal guardião*

Ao chegar à porta, evoque: "Eu peço que meu animal guardião venha se encontrar com sua parte humana". "Ordeno a abertura da porta entre os Dois Mundos para me encontrar com meu animal guardião."

Observe o animal que aparece. Não force imagens. Confie em sua intuição. Estabeleça contato. Troque olhares, gestos, carinho. Pergunte e ouça atentamente as respostas, que podem vir em forma de imagens ou sensações.

5. *Encerramento*

Agradeça ao animal guardião. Volte pelo mesmo caminho até seu corpo no Espaço Sagrado. Retorne à consciência comum lentamente. Anote tudo que vivenciou.

Observações Finais

Deixe que seu animal se revele. Não escolha racionalmente. Se mais de um animal aparecer, observe qual toca mais seu coração. Estude seu animal, pois ele trará pistas sobre sua personalidade e desafios. O respeito e a repetição são essenciais para fortalecer essa relação. Os animais estão em contato constante conosco.

Esteja atento aos sinais. A natureza tem uma forma de se comunicar com quem aprende a escutar.

DANÇANDO UM ESPÍRITO ANIMAL

Esta prática ritual é um convite para liberar emoções, reconectar-se aos antepassados e acessar a sabedoria instintiva dos animais. Ao mover o corpo com intenção, ativamos nossa energia primal, rompemos bloqueios, aliviamos o estresse e despertamos a criatividade. Dançar é uma das mais antigas formas de oração e cura, um gesto de humildade diante das forças da natureza.

Roteiro da Vivência

1. Preparação

Realize uma cerimônia de limpeza com ervas defumadoras (sálvia, alecrim, alfazema, etc.) para purificar corpo e espaço. Sente-se ou permaneça em pé por alguns instantes.

Respire profundamente até sentir-se calmo e centrado. Faça uma prece ao espírito animal, convidando-o a dançar com você e através de você.

2. A Dança

Deixe soar o tambor ou o maracá em ritmo constante, com quatro batidas por ciclo (se possível, ambos juntos) criando um pulso que acompanhe a respiração e conduza o movimento. Mova-se de forma livre e intuitiva. Deixe que o corpo conduza os gestos, sem julgamentos. Cante, ore ou fale com o animal, pedindo sua presença. Movimente-se em círculos, no sentido horário, saudando as quatro direções, os elementos, o Reino Animal, os astros e todas as suas relações.

3. Incorporação

Visualize o animal aproximando-se. Permita que sua presença se funda à sua com suavidade.

Dance com ele e, como ele, movimente-se, vocalize, expresse suas emoções. Sinta a energia dele em seu corpo, mente e coração. À medida que o transe se aprofunda, você poderá alternar entre seu estado humano e o animal. Esse é o estado xamânico de consciência. Permaneça receptivo. Escute os ensinamentos. Observe imagens, símbolos, palavras ou emoções que surjam.

4. Finalização

Agradeça ao animal pelo encontro e pela dança. Volte lentamente à consciência comum. Permaneça em silêncio por alguns minutos e integre a experiência.

Se desejar, use um objeto simbólico (pena, pedra, amuleto) como âncora para continuar conectado à energia do animal.

Notas Finais

No início, é natural sentir-se tímido ou constrangido. Com a prática, a entrega aumenta e a dança se torna mais fluida. A vivência pode ser feita individualmente ou em grupo. Em grupo, a energia coletiva fortalece o rito.

Dançar como um animal cria ressonância energética com ele, uma forma poderosa de comunicação e alinhamento espiritual.

TOTENS ANIMAIS

O totem animal é uma representação simbólica e espiritual que se manifesta não apenas no plano individual, mas principalmente no coletivo. Em diversas culturas indígenas, como entre os povos das planícies da América do Norte, o totem era (e ainda é) reconhecido como o espírito protetor de um clã, tribo ou família, um elo sagrado entre o grupo e as forças da natureza.

Mais do que um simples emblema, o totem encarna qualidades arquetípicas que a comunidade deseja cultivar: coragem, sabedoria, fertilidade, cooperação, entre tantas outras. Sua presença pode ser evocada em cerimônias, bandeiras, esculturas ou objetos rituais, servindo para orientar, proteger e fortalecer o grupo.

Diferente do animal guardião pessoal, que atua de forma íntima e individual, o totem animal se relaciona com o coletivo e com os espaços compartilhados, podendo ser ativado para energizar ambientes, unificar grupos ou invocar forças específicas da natureza. Este capítulo convida você a conhecer e a trabalhar com os totens animais como pontes entre mundos, símbolos vivos da interdependência entre seres, territórios e ancestrais.

Totens para vitalidade e bem-estar

Para saúde e cura

O urso e a serpente são associados à regeneração e à força curativa, sendo indicados para consultórios, espaços terapêuticos ou de repouso.

Para força e liberdade

O cavalo representa movimento, vigor e liberdade interior, ideal para escritórios ou locais onde se busca dinamismo.

Para sabedoria e mistério

Animais como a coruja, o corvo ou o puma simbolizam introspecção e conhecimento oculto, sendo ótimos companheiros para salas de leitura, estudos ou meditação.

Para harmonia familiar

O lobo, a formiga e o caranguejo são arquétipos de cooperação e cuidado mútuo. Sua energia ajuda a fortalecer os vínculos entre os membros da casa.

Equilibrando ambientes com a energia dos totens animais

Em seu livro *Espaço Sagrado*, a autora Denise Linn, de ascendência Cherokee, propõe uma abordagem que une elementos do Feng Shui à sabedoria ancestral do xamanismo. Com base na conexão espiritual com o reino animal, ela demonstra como os totens podem ser aliados poderosos na harmonização de ambientes domésticos ou profissionais. Segundo Linn, e também para muitos praticantes do xamanismo, os totens são portadores de uma força ancestral, profunda e instintiva, capaz de oferecer proteção, cura e equilíbrio a espaços que ocupamos.

Integrando totens ao ambiente

Convide a presença do seu animal guardião para acompanhar e proteger sua casa. Imagens, esculturas, pinturas ou fotografias podem ser dispostas em locais específicos, reforçando sua energia no espaço. A seguir, indicamos formas de utilizar diferentes animais conforme a função de cada ambiente.

Totens indicados para cada espaço

Escolha um animal guardião com simbolismo ligado à defesa e segurança e posicione-o em pontos estratégicos da casa, criando um escudo energético.

Entrada da casa

O acesso principal da casa é um ponto-chave por onde entram as energias. Por isso, é indicado colocar um totem visível, ainda do lado de fora, que represente força e proteção. Ele atuará como guardião do espaço, filtrando quem entra e favorecendo a chegada de pessoas com boas intenções.

Quartos

Urso: favorece o descanso e a cura emocional.

Peixes e tartaruga: evocam acolhimento, segurança e fluidez emocional.

Golfinho e baleia: promovem leveza e expressão, ideais para quartos infantis.

Coruja: proporciona observação silenciosa e presença intuitiva.

Cobra: pode ser útil em momentos de transição ou transformação pessoal.

Evite totens com energia muito intensa ou agitada nos quartos, pois podem perturbar o repouso.

Sala de estar

Para esse ambiente de convivência, prefira animais com espírito sociável:

Lobo, golfinho, formiga, abelha: fortalecem os laços comunitários.
Lontra, macaco: trazem leveza, brincadeira e alegria.
Elefante: representa memória, grupo e estabilidade familiar.

Banheiro

Animais aquáticos como sapo, peixe, tartaruga, golfinho, foca e caranguejo sintonizam com o elemento água e promovem sensação de limpeza, fluidez e reconexão com a natureza.

Cozinha

Escolha animais associados à nutrição e abundância, como vaca e galo, ou totens que representem habilidades que você deseja despertar ao cozinhar.

Escritório

A escolha do totem deve refletir a natureza do trabalho desenvolvido no local.

- 9 -

A MEDICINA E A SOMBRA DOS ESPÍRITOS ANIMAIS

Cada animal carrega em si talentos únicos, uma essência espiritual própria e também uma sombra (aspectos desafiadores). Por meio de sua medicina, os animais nos oferecem ensinamentos profundos, transmitindo sabedoria de forma simbólica. A seguir você encontrará uma lista em ordem alfabética dos principais aspectos luminosos e sombrios de diversos espíritos animais.

1. ABELHA

Medicina	Sombra
Comunicação clara e eficaz.	Comunicação excessiva ou inapropriada, gerando mal-entendidos.
Organização e eficiência no trabalho.	Falta de organização, desordem, caos.
Colaboração e trabalho em equipe.	Dificuldade em cooperar ou harmonizar relacionamentos.
Dedicação, diligência e senso de propósito.	Excesso de trabalho, sobrecarga, esgotamento.
Busca pelas doçuras da vida (prazer, alegria, sexualidade).	Desequilíbrio entre vida pessoal e responsabilidades.
Conexão com a energia feminina e reverência à Mãe Terra (Abelha Rainha).	Manipulação por meio da comunicação; uso das palavras para controlar ou influenciar negativamente.

2. ÁGUA-VIVA / MEDUSA

Medicina	Sombra
Elegância e simplicidade no modo de ser.	Sensação de estar à deriva, sem direção ou propósito.
Autossuficiência e capacidade de fluir com confiança.	Autossuficiência excessiva, dificuldade em pedir ajuda ou colaborar.
Adaptabilidade e leveza diante das mudanças.	Resistência a mudanças ou dificuldade em se adaptar a novas situações.
Proteção sutil, mas eficaz.	Falta de empatia, podendo ferir emocionalmente sem intenção.
Potencial de cura física e energética (em algumas tradições indígenas).	Exposição exagerada, compartilhamento inadequado de informações pessoais.
Clareza e transparência nos relacionamentos e ações.	Transparência mal dosada, gerando desconforto ou vulnerabilidade desnecessária.

3. ÁGUIA

Medicina	Sombra
Visão ampla, clareza e iluminação espiritual.	Visão distorcida da realidade, ilusões espirituais.
Capacidade de ultrapassar limites e acessar outros reinos.	Desconexão com o mundo prático e com as necessidades do cotidiano.
Desenvolvimento de dons xamânicos, visão à distância.	Tendência à superioridade espiritual ou intelectual.
Inspiração, criatividade, percepção elevada.	Falta de empatia e compaixão com os outros.
Elevação do espírito e expansão da consciência.	Dificuldade em lidar com aspectos sombrios da vida; fuga para estados idealizados.

Medicina	Sombra
Conexão com a energia masculina sagrada e elevação das preces ao Universo.	Sensação de estar perdido ou sem foco, falta de clareza de metas.
Estímulo à coragem e à abertura para o novo.	Medo do desconhecido, apego à zona de conforto.

4. ALBATROZ

Medicina	Sombra
Liberdade e espírito de jornada.	Sensação de estar preso em ciclos repetitivos de pensamento ou comportamento.
Conexão com os elementos água e ar.	Estagnação espiritual, falta de clareza mental.
Guia em momentos de incerteza, quando se está "voando em círculos".	Tendência à evasão, fuga constante de situações difíceis.
Capacidade de ver além do horizonte e encontrar soluções alternativas.	Desconexão da realidade imediata e negligência com responsabilidades práticas.
Purificação mental e renovação do espírito.	Busca constante por respostas externas, em detrimento da introspecção necessária.
Magia da travessia, cura emocional e libertação de relacionamentos limitantes.	Dificuldade em se enraizar e agir no presente.

5. ALCE

Medicina	Sombra
Resistência física e emocional.	Teimosia e inflexibilidade diante de mudanças.
Habilidade organizacional e gerencial.	Excesso de autoconfiança, levando a decisões precipitadas.

Medicina	Sombra
Capacidade de estabelecer prioridades e assumir responsabilidades.	Dificuldade em aceitar críticas, conselhos ou orientação externa.
Potência, motivação e autoconfiança.	Tendência a sobrecarregar-se com obrigações, resultando em esgotamento.
Inspiração para delegar tarefas com sabedoria.	Falta de empatia ao distribuir funções ou conduzir pessoas.
Energia para dar ritmo e colocar planos em prática.	Insensibilidade às necessidades do grupo ou ambiente.
Contribui para fortalecer a autoestima e o espírito de liderança.	Arrogância ou autoritarismo disfarçados de liderança.
Estimula a interação fraterna e a confiança no convívio social.	Dependência excessiva da aprovação do grupo ou dificuldade de manter autonomia.

6. ALPACA

Medicina	Sombra
Adaptabilidade e resiliência diante de mudanças.	Excesso de adaptabilidade, levando à perda de limites pessoais.
Foco, força interior e desenvolvimento de habilidades.	Conformismo excessivo, evitando conflitos ou desafios.
Paz interior, paciência e capacidade de esperar o tempo certo.	Falta de foco ou direção, resultando em indecisão ou estagnação.
Inspiração para se concentrar em si mesmo e crescer pessoalmente.	Resistência a mudanças que exigem sair da zona de conforto.
Valorização da beleza e da graça como formas de enriquecer a vida.	Comportamentos passivo-agressivos ou manipuladores para evitar enfrentamentos diretos.

7. ANDORINHA

Medicina	Sombra
Proteção do lar e preservação contra desastres naturais (fogo, raios).	Apego excessivo ao lar, evitando mudanças ou novas experiências.
Calor emocional e criação de um ambiente acolhedor.	Superproteção ou possessividade em relação à família e ao espaço doméstico.
Associação com o fogo e o Sol – energia vital, inspiração, alegria.	Dificuldade em aceitar mudanças que abalem a sensação de segurança.
Capacidade de perceber sinais sutis da natureza (chuva, tempo).	Emoções expressas de forma exagerada, causando conflitos e impulsividade.
Eliminação de "pragas" – físicas e simbólicas (pensamentos repetitivos e irritações mentais).	Resistência em desapegar do passado, prejudicando a adaptação ao presente.
Inspiração para manter objetividade e clareza emocional.	Falta de objetividade, deixando-se levar por sentimentos ou idealizações excessivas.
Criação de um lar com energia amorosa e curativa.	

8. ANTA / TAPIR

Medicina	Sombra
Caminhos pacíficos e silenciosos.	Resistência à mudança e dificuldade de adaptação.
Boa sorte, prosperidade e abundância.	Rigidez mental e emocional, falta de abertura para novas ideias.
Força e resistência para enfrentar condições adversas.	Apego ao passado, dificultando o crescimento pessoal.
Capacidade de cura e regeneração.	Teimosia e obstinação, gerando conflitos nos relacionamentos.

Medicina	Sombra
Fertilidade e renovação do ciclo da vida.	Estagnação e sensação de falta de progresso ou direção.
Inspiração para cultivar a paciência e aprofundar a jornada interior.	Medo de seguir adiante, mantendo-se no conforto do conhecido.

9. ANTÍLOPE

Medicina	Sombra
Cautela, silêncio e presença meditativa.	Excesso de cautela, levando à inação ou hesitação diante de decisões importantes.
Consciência mística e espiritual por meio da quietude.	Dificuldade em se expressar, resultando em isolamento ou mal-entendidos.
Calma e serenidade aliadas à ação consciente.	Tendência a reprimir emoções ou pensamentos, com risco de explosões emocionais.
Sabedoria para discernir o momento certo de agir ou silenciar.	Falta de clareza para decidir quando agir, perdendo oportunidades.
Inspiração para cultivar disciplina interna e concentração.	Rigidez mental ou emocional, resistência à mudança ou à abertura para novas ideias.

10. ARANHA

Medicina	Sombra
Inspiração para tecer a própria vida e manifestar sonhos.	Tendência a manipular pessoas ou situações para benefício próprio.
Independência, coragem e superação de armadilhas emocionais ou espirituais.	Medo de se comprometer, resultando em procrastinação ou estagnação.

11. ARARA

Medicina	Sombra
Expressão autêntica e comunicação clara.	Comunicação excessiva, tagarelice ou superficialidade nas interações.
Celebração da beleza, da cor e da diversidade.	Foco exagerado na aparência externa, negligenciando a profundidade interior.
Alegria de viver e espontaneidade.	Distração constante e perda rápida de interesse, buscando apenas estímulos externos.
Inspiração para viver com autenticidade e liberdade.	Tendência a agradar os outros em detrimento das próprias verdades e necessidades.
Capacidade de ver a vida de uma perspectiva elevada e colorida.	Dificuldade em manter o foco ou aprofundar-se em questões importantes.
Incentivo à autoaceitação e à valorização do próprio caminho único.	Vulnerabilidade à dispersão e falta de consistência.

12. ARIRANHA

Medicina	Sombra
Comunicação clara e eficaz nas relações.	Falta de clareza na comunicação, gerando mal-entendidos e conflitos.
Harmonia e cooperação em grupos e comunidades.	Dificuldade em colaborar ou manter harmonia no convívio coletivo.
Adaptação fluida a novos ambientes e situações.	Resistência à mudança e dificuldade de adaptação.
Confiança na intuição e sabedoria interior.	Desconfiança ou desconexão com a própria intuição.
Agilidade física e mental para lidar com desafios.	Lentidão ou rigidez mental/física diante de situações desafiadoras.

13. ARMINHO / FURÃO

Medicina	Sombra
Astúcia e inteligência estratégica.	Uso da astúcia para manipular ou enganar.
Agilidade e eficácia para agir com discrição.	Falta de integridade nos relacionamentos ou decisões.
Determinação silenciosa para enfrentar desafios.	Agilidade voltada a fins egoístas ou prejudiciais.
Adaptabilidade e flexibilidade diante de mudanças.	Dificuldade em se comprometer ou manter fidelidade a causas.
Capacidade de se proteger e se camuflar quando necessário.	Tendência a evitar responsabilidades ou confrontos, buscando sempre a saída mais fácil.

14. ARRAIA

Medicina	Sombra
Paz interior, serenidade e tranquilidade.	Sensação de flutuação sem rumo ou falta de propósito.
Capacidade de navegar pelas emoções com suavidade e equilíbrio.	Tendência a evitar confrontos, limitando o crescimento pessoal.
Conexão com a intuição, com o psiquismo e com as profundezas do inconsciente.	Excesso de sensibilidade emocional, resultando em reações instáveis ou desproporcionais.
Adaptação fluida às mudanças e aos ciclos da vida.	Dificuldade em lidar com as próprias emoções ou com as dos outros, gerando conflitos.
Representação do sagrado feminino, da energia lunar e do ritmo natural.	Isolamento emocional ou resistência a conexões profundas.
Inspiração para viver com graça, bem-estar e presença intuitiva.	

15. ASNO

Medicina	Sombra
Persistência e resistência diante de dificuldades.	Teimosia excessiva e inflexibilidade diante de mudanças.
Paciência e tranquilidade em tempos de adversidade.	Resistência à mudança, mesmo quando necessária ao crescimento.
Determinação e firmeza para manter o próprio caminho.	Estagnação ou inércia, recusando-se a seguir adiante.
Capacidade de dizer "não" com clareza e integridade.	Preguiça ou falta de iniciativa para melhorar ou evoluir.
Fidelidade aos próprios valores, mesmo sob pressão.	Falta de sensibilidade e empatia, agindo com egoísmo ou obstinação.

16. ATUM

Medicina	Sombra
Força física e resiliência para superar desafios.	Foco excessivo em objetivos pessoais, ignorando as necessidades dos outros.
Determinação e persistência diante das dificuldades.	Impulsividade e ações sem considerar as consequências.
Agilidade e adaptação a diferentes situações.	Esgotamento físico ou emocional por assumir desafios em excesso.
Capacidade de mergulhar nas emoções profundas em busca de sentido.	Falta de conexão emocional com os outros por excesso de autossuficiência.
Valorização da vida em comunidade e das conexões significativas.	Sensação de sobrecarga e estresse devido à velocidade e intensidade da vida.

17. AVESTRUZ

Medicina	Sombra
Segurança interior, estabilidade e centramento.	Tendência a evitar conflitos e fugir dos desafios.
Capacidade de manter a calma, esfriar a mente e dominar impulsos.	Dificuldade em lidar com situações desconfortáveis, buscando o escapismo.
Discrição, habilidade de se tornar "invisível" quando necessário.	Falta de autoconfiança, levando à passividade ou conformismo.
Coragem e determinação para enfrentar medos e ameaças.	Resistência à mudança, dificultando a assimilação e aplicação de novos aprendizados.
Adaptação a diferentes ambientes e circunstâncias.	Apego excessivo ao conforto e à segurança, limitando o crescimento pessoal.
Assimilação de novos conhecimentos com os pés no chão.	
Facilidade de digestão (simbólica e física) de experiências e conteúdos.	

18. BABUÍNO

Medicina	Sombra
Inteligência social e habilidade para navegar em relações complexas.	Fofoca, manipulação e uso distorcido da comunicação.
Comunicação eficaz para manter ordem e proteção na comunidade.	Agressividade e conflito mal gerido em ambientes sociais.
Proteção e cuidado com o grupo, espírito comunitário.	Competitividade excessiva e hierarquia rígida que exclui os mais vulneráveis.

Medicina	Sombra
Flexibilidade e adaptabilidade diante de novas situações.	Desconfiança, isolamento e dificuldade em construir vínculos.
Diplomacia, empatia e clareza na expressão de necessidades.	Falta de empatia e comportamento predatório frente a membros mais frágeis do grupo.
Curiosidade, mente aberta e vontade de aprender.	Resistência à cooperação e marginalização de quem não se encaixa.

19. BALEIA

Medicina	Sombra
Sabedoria ancestral e conexão com os registros da Mãe Terra.	Tendência a se perder em memórias do passado, dificultando a vivência do presente.
Acesso ao subconsciente, à memória profunda e aos mistérios da alma.	Isolamento emocional e evasão de vínculos profundos.
Comunicação significativa, canto e expressão autêntica.	Dificuldade em expressar sentimentos, resultando em acúmulo emocional.
Cura do corpo físico e equilíbrio emocional.	Sobrecarga emocional devido à sensibilidade extrema.
Conexão com a Mente Universal e com a história da humanidade.	Descompasso entre sabedoria ancestral e a necessidade de se adaptar ao novo.
Inspiração para contar histórias, lembrar quem somos, compartilhar o que vivemos.	
Fortalecimento de laços comunitários e apoio mútuo.	

20. BEIJA-FLOR

Medicina	Sombra
Amor, suavidade, graça e leveza.	Superficialidade emocional, buscando apenas prazer imediato.
Clareza e cura para questões afetivas e emocionais.	Instabilidade emocional, oscilando rapidamente entre alegria e tristeza.
Inspiração para alegria, boa sorte e abertura do coração.	Dificuldade em manter relacionamentos duradouros por falta de compromisso.
Capacidade de mudança, mobilidade e leveza diante de transições.	Falta de foco e dispersão de energia, dificultando a realização de objetivos.
Mensageiro da cura e do amor romântico.	Tendência a evitar situações desconfortáveis, fugindo em vez de enfrentar os desafios.
Capacidade de voar em todas as direções, trazendo flexibilidade e novas perspectivas.	

21. BESOURO / ESCARAVELHO

Medicina	Sombra
Transformação, renovação e regeneração.	Resistência à mudança e medo de transformações necessárias.
Proteção física e emocional, construção de segurança interior.	Vulnerabilidade excessiva ou falta de proteção emocional.
Aceitação dos ciclos da vida, com conexão à Terra e aos ritmos naturais.	Sensação de estar preso em ciclos repetitivos, sem evolução.
Inspiração para abraçar a simplicidade e a humildade no cotidiano.	Dificuldade em lidar com perdas, encerramentos ou mudanças inevitáveis.
Resiliência e força diante de obstáculos.	Incapacidade de se adaptar a novas situações ou ambientes.

22. BICHO-DA-SEDA

Medicina	Sombra
Transformação interior e capacidade de renovação profunda.	Sensação de estar preso ou limitado em padrões antigos.
Paciência com o próprio processo e com o tempo natural das mudanças.	Passividade ou falta de iniciativa por excesso de espera.
Criatividade, expressão da beleza interior e sensibilidade artística.	Medo da mudança e resistência a se tornar algo novo.
Delicadeza, suavidade e gentileza nas relações.	Isolamento emocional ou proteção excessiva, dificultando conexões.
Inspiração para evoluir com graça e consciência.	Dificuldade em se abrir emocionalmente por medo de exposição ou rejeição.

23. BICHO-PREGUIÇA

Medicina	Sombra
Calma, paz interior e presença no aqui e agora.	Passividade excessiva, levando à estagnação ou falta de iniciativa.
Paciência consigo mesmo e com os outros.	Dificuldade em reagir a mudanças rápidas ou situações que exigem ação imediata.
Conservação de energia e sabedoria para descansar quando necessário.	Tendência a se acomodar em situações desconfortáveis por medo de mudança.
Adaptabilidade e formas criativas de prosperar mesmo em ambientes desafiadores.	Falta de motivação ou senso de urgência para alcançar metas.
Conexão com a natureza e com os ritmos naturais.	Isolamento social por preferência ao recolhimento, evitando interações.
Inspiração para viver com suavidade e harmonia com o próprio ritmo.	Vulnerabilidade por falta de vigilância ou atenção ao ambiente.

24. BISÃO / BISONTE

Medicina	Sombra
Abundância, gratidão e confiança na generosidade da natureza.	Teimosia excessiva e resistência a mudanças.
Força interior, coragem e resistência diante das dificuldades.	Apego ao passado, com dificuldade de perdoar ou esquecer.
Resiliência, firmeza e determinação em tempos de adversidade.	Tendência à proteção rígida de recursos ou territórios, gerando conflitos.
Conexão profunda com a Terra e respeito pelo meio ambiente.	Isolamento emocional e resistência ao convívio ou à abertura.
Inspiração para cultivar o senso de comunidade e partilha.	Dificuldade em discernir quando ser firme e protetor ou quando é necessário abrir-se ao crescimento.

25. BODE / CABRA

Medicina	Sombra
Resiliência e força para enfrentar ambientes e situações desafiadoras.	Teimosia excessiva, obstinação e inflexibilidade.
Determinação para alcançar metas e superar obstáculos.	Egoísmo e desconsideração pelas necessidades ou sentimentos alheios.
Independência, autonomia e confiança nas próprias capacidades.	Isolamento social por preferência à solidão ou resistência à convivência.
Equilíbrio entre ação e estabilidade mesmo em terrenos difíceis.	Comportamentos impulsivos ou autodestrutivos.
Fertilidade, sensualidade, bom humor e vitalidade (ligação com Pã).	Resistência à autoridade ou rejeição de conselhos úteis, levando a decisões imprudentes.

Medicina	Sombra
Inspiração para novos empreendimentos e desafios que exigem esforço e perseverança.	
Capacidade de "subir" simbolicamente rumo ao Eu Superior.	

26. BORBOLETA

Medicina	Sombra
Transcendência e transformação interior.	Resistência à mudança, apego a padrões antigos.
Inspiração para o crescimento espiritual e emocional.	Medo do desconhecido, bloqueando o progresso pessoal.
Clareza mental para seguir novos caminhos e iniciar novas fases.	Superficialidade, simulando mudança sem aprofundar o processo interior.
Capacidade de transformar momentos difíceis em evolução consciente.	Instabilidade emocional, oscilação sem equilíbrio.
Liberdade, leveza e beleza no processo de se reinventa.	Falta de comprometimento com o processo de mudança, desistência diante dos desafios.

27. BÚFALO

Medicina	Sombra
Paz interior, harmonia e ressonância com o sagrado.	Estagnação e resistência à mudança, permanecendo em padrões limitantes.
Inspiração para a oração e conexão com a Sabedoria Universal.	Dificuldade em se comunicar e expressar sentimentos, gerando conflitos.
Despertar do intelecto e do corpo mental.	Teimosia e rigidez mental que impedem a adaptação.

Medicina	Sombra
Força e resistência diante dos desafios da vida.	Conformismo exagerado, aceitação passiva de normas e tradições sem reflexão.
Tolerância, gratidão e reconhecimento do caminho espiritual.	Perda da autenticidade pessoal em nome da harmonia externa.
Representação da energia ancestral, da abundância e do louvor à vida.	

28. CACATUA

Medicina	Sombra
Comunicação clara, expressiva e inspiradora.	Dificuldade em comunicar com clareza, gerando mal-entendidos.
Clareza mental e iluminação do caminho pessoal.	Imitação de ideias ou comportamentos sem autenticidade própria.
Alegria, entusiasmo e prazer nas pequenas coisas.	Falta de motivação ou entusiasmo, levando à monotonia.
Celebração da individualidade e das qualidades únicas.	Supressão da individualidade por medo de se destacar.
Fortalecimento de laços comunitários e relacionamentos saudáveis.	Dificuldade em se integrar socialmente, resultando em isolamento ou sensação de alienação.

29. CACHORRO

Medicina	Sombra
Lealdade, fidelidade e amor incondicional.	Possessividade e ciúmes excessivos, gerando controle ou dominação.
Guia espiritual e emocional nas decisões e nos caminhos da vida.	Dependência emocional, necessidade constante de aprovação ou companhia.

Medicina	Sombra
Inspiração para proteger, vigiar e guardar o que é sagrado.	Comportamento territorial e agressivo por excesso de proteção.
Capacidade de amar mesmo nas adversidades, com constância e confiança.	Falta de discernimento ao confiar, podendo ser enganado ou explorado.
Segurança emocional e presença acolhedora.	Dificuldade em lidar com separações ou solidão, levando à ansiedade ou a comportamentos autodestrutivos.

30. CAMALEÃO

Medicina	Sombra
Clarividência e estímulo à terceira visão.	Manipulação e dissimulação por falta de autenticidade.
Percepção sutil e habilidade para distinguir luz e sombra, verdade e ilusão.	Confusão de identidade, dificuldade em manter integridade pessoal.
Desenvolvimento de intuição e habilidades psíquicas.	Tendência a se esconder emocionalmente, evitando enfrentar situações ou verdades.
Capacidade de captar e interpretar campos energéticos e auras.	Sensibilidade extrema, tornando-se vulnerável a influências externas negativas.
Aliado em práticas energéticas (bioenergética, acupuntura, foto Kirlian, etc.).	Falta de clareza mental, dificuldade em discernir realidade de fantasia.
Inspiração para confiar na intuição e ver além das aparências.	

31. CAMARÃO

Medicina	Sombra
Sensibilidade emocional e conexão com sentimentos profundos.	Vulnerabilidade excessiva, gerando insegurança e retraimento diante da vida.
Adaptabilidade e flexibilidade diante das mudanças.	Tendência a evitar confrontos ou resistir a transformações necessárias.
Capacidade de purificação e limpeza energética e emocional.	Dificuldade em estabelecer limites saudáveis, sentindo-se exposto ou sobrecarregado.
Busca por segurança emocional e proteção interior.	Comportamento passivo ou submissão por medo de desagradar ou desarmonizar.
Estabelecimento de limites conscientes e defesa da própria energia.	Supressão da própria vontade ou voz em favor da harmonia externa.

32. CAMELO

Medicina	Sombra
Resistência, tolerância e força para suportar longos períodos de desafio.	Teimosia excessiva e resistência a mudanças necessárias.
Conservação de energia e recursos, sabedoria na administração pessoal.	Isolamento emocional como forma de autoproteção.
Adaptabilidade em ambientes hostis e áridos.	Repressão das emoções, dificuldade em lidar com necessidades emocionais.
Autossuficiência e capacidade de se sustentar mesmo em momentos escassos.	Rigidez mental e dificuldade em aceitar novas ideias.
Paciência para agir no tempo certo.	Tendência a carregar responsabilidades ou fardos excessivos, resultando em sobrecarga.

33. CAMUNDONGO / RATO

Medicina	Sombra
Introspecção, atenção aos detalhes e percepção aguçada.	Cautela excessiva ou desconfiança que bloqueia novas experiências.
Observação silenciosa e sabedoria nas pequenas ações.	Tendência a evitar confrontos, escondendo-se diante dos desafios.
Apreciação das coisas simples e modestas.	Comportamento compulsivo, repetição de padrões mentais ou emocionais prejudiciais.
Sucesso por meio de estratégias discretas e preservação pessoal.	Dificuldade em abandonar hábitos ou vínculos que já não servem.
Adaptabilidade em ambientes desafiadores.	Sentimento de insignificância ou autossabotagem por subestimar o próprio valor.

34. CANGURU

Medicina	Sombra
Amor incondicional, cuidado e nutrição emocional.	Superproteção que limita o crescimento e a autonomia dos outros.
Proteção, aconchego e acolhimento para si e para os outros.	Dependência excessiva para se sentir seguro, dificuldade em desenvolver autossuficiência.
Coragem para dar "saltos de fé" e seguir adiante mesmo em meio à incerteza.	Resistência à mudança, apego a zonas de conforto.
Estabilidade emocional, apoio materno e conexão com a criança interior.	Isolamento emocional, evitando lidar com questões profundas.
Inspiração para cuidar de filhos e de partes sensíveis de nós mesmos.	Falta de limites saudáveis, resultando em sobrecarga ou excesso de zelo.

35. CAPIVARA

Medicina	Sombra
Fecundidade, maternidade e nutrição.	Excesso de dependência em vínculos familiares ou sociais.
Habilidade de fluir pelas emoções com serenidade e equilíbrio.	Dificuldade em afirmar a própria individualidade, evitando agir de forma autônoma.
Vida em comunidade, cooperação e trabalho em grupo.	Negligência das próprias necessidades em prol do grupo ou da família.
Inspiração para desenvolver a criatividade e a produtividade.	Falta de iniciativa pessoal, tendência a seguir passivamente a corrente.
Capacidade de lidar com os ciclos da vida de forma suave e adaptável.	Sobrecarregar-se emocionalmente ou assumir responsabilidades além do que é saudável.

36. CARACOL

Medicina	Sombra
Paciência, perseverança e ritmo próprio para alcançar objetivos.	Lentidão excessiva, procrastinação ou resistência a mudanças necessárias.
Autossuficiência e criação de um espaço seguro onde quer que esteja.	Sensação de estagnação ou de estar preso em padrões repetitivos.
Renovação e adaptação – capacidade de regenerar e seguir em frente.	Medo do desconhecido, evitando novas experiências.
Proteção emocional e espiritual – saber quando se recolher para cuidar de si.	Falta de proteção, tornando-se vulnerável a ataques emocionais ou energéticos.
Sensibilidade, percepção e consciência do ambiente.	
Presença plena, atenção aos sinais e aprendizados sutis da vida cotidiana.	

37. CARAMUJO

Medicina	Sombra
Introspecção e sabedoria interior.	Tendência ao fechamento emocional e à fuga de situações desafiadoras.
Paciência e respeito pelo próprio ritmo de crescimento.	Lentidão excessiva e procrastinação que impedem o progresso.
Criação de um espaço interno seguro e protegido.	Resistência a sair da zona de conforto ou aceitar mudanças
Proteção energética e emocional contra influências externas.	Medo exagerado de se expor ou de enfrentar experiências novas.
Capacidade de recolhimento consciente para reflexão e renovação.	Vulnerabilidade disfarçada como autodefesa excessiva.

38. CARANGUEJO

Medicina	Sombra
Proteção do lar, criação de um ambiente seguro e acolhedor.	Tendência ao fechamento emocional, evitando confrontos ou desconfortos.
Fortalecimento dos laços comunitários e do senso de pertencimento.	Apego ao passado, dificuldade em seguir em frente
Capacidade de abordar desafios por diferentes ângulos, encontrando soluções criativas.	Resistência a mudanças, preferência excessiva pela zona de conforto.
Expressão emocional através do movimento (dança, fluidez).	Manipulação emocional como forma de controle ou defesa.
Sensibilidade equilibrada e liberação de emoções reprimidas.	Reações exageradas ou defensivas diante de críticas ou situações emocionais.

39. CASTOR

Medicina	Sombra
Construção de ideias, projetos, moradas e caminhos de realização.	Teimosia e resistência à adaptação ou inovação.
Sabedoria prática para evitar armadilhas e buscar alternativas inteligentes.	Tendência a se sobrecarregar com trabalho, levando ao esgotamento físico ou mental.
Criação de conforto, estabilidade e segurança.	Criação de barreiras emocionais, dificultando vínculos afetivos.
Desenvolvimento equilibrado da força (feminino) e da suavidade (masculino).	Rigidez mental e dificuldade em aceitar pontos de vista diferentes.
Colaboração em grupo e capacidade de pôr projetos em prática.	Obsessão por controle e dificuldade em delegar, gerando conflitos coletivos.

40. CAVALO

Medicina	Sombra
Poder pessoal e força interior.	Impulsividade e dispersão, dificultando a conclusão de tarefas.
Liberdade de espírito e capacidade de iniciar novos ciclos.	Sentimento de estar sobrecarregado ao assumir responsabilidades demais.
Jornada espiritual, projeção astral e expansão da consciência.	Busca constante por aventuras sem ponderar consequências.
Clareza de propósito, dignidade no caminho, ação com beleza e ritmo próprio.	Resistência à autoridade e dificuldade em aceitar regras ou estruturas.
Capacidade de carregar a carga com graça e compartilhar sabedoria com os outros.	Incapacidade de se comprometer com projetos ou relações de longo prazo.

41. CAVALO-MARINHO

Medicina	Sombra
Suavidade, graça e delicadeza nas emoções e nos relacionamentos.	Superficialidade emocional, evitando profundidade ou enfrentamento de questões essenciais.
Fluidez emocional e leveza ao lidar com os sentimentos.	Deixar-se levar pelas emoções sem ponderação ou autocontrole.
Inspiração para a dança da vida, expressão criativa e harmonia.	Dificuldade em enfrentar desafios ou buscar resoluções concretas.
Capacidade de encantar e nutrir o amor com charme, ternura e presença gentil.	Dependência emocional excessiva e busca constante por validação externa.
Espírito lúdico, conexão com a beleza das pequenas coisas, senso de leveza e alegria.	Falta de firmeza ou consistência em compromissos, com tendência a flutuar sem direção definida.

42. CENTOPEIA

Medicina	Sombra
Paciência e perseverança diante dos obstáculos.	Impaciência e dificuldade em lidar com processos lentos ou desafiadores.
Resistência interior e força para superar desafios.	Rigidez e teimosia, dificuldade em aceitar mudanças necessárias.
Capacidade de adaptação a diferentes ambientes e contextos.	Incapacidade de se adaptar, resultando em estagnação e sofrimento diante do novo.
Agilidade e movimento determinado quando necessário.	Reatividade ou decisões apressadas sem o preparo ou sensibilidade adequada.
Ação silenciosa e eficaz, com foco e discrição.	Tendência a manter rotinas desgastadas por medo de enfrentar transformações.

43. CERVO / VEADO

Medicina	Sombra
Gentileza, suavidade e compaixão.	Excesso de sensibilidade, tornando-se facilmente magoado ou emocionalmente sobrecarregado.
Capacidade de sair de situações difíceis com graça e discrição.	Tendência a fugir ou evitar confrontos em vez de enfrentá-los.
Ternura e empatia que tocam o coração do outro.	Falta de assertividade, dificuldade em impor limites ou defender suas próprias necessidades.
Conexão entre coração e espírito, desenvolvendo sensibilidade e adaptabilidade.	Vulnerabilidade à manipulação ou abuso devido à natureza gentil e complacente.
Elegância e harmonia nos movimentos, nas ações e nos relacionamentos.	Dificuldade em lidar com agressividade alheia, evitando conflitos a qualquer custo.

44. CHINCHILA

Medicina	Sombra
Suavidade, delicadeza e sensibilidade.	Vulnerabilidade excessiva, com dificuldade em estabelecer proteção emocional.
Cuidado com a saúde física e emocional.	Tendência a se sentir sobrecarregado pelas emoções e energias alheias.
Criação de ambientes seguros e confortáveis para o bem-estar pessoal.	Relutância em se adaptar a mudanças, permanecendo em zonas de conforto.
Capacidade de adaptação e de prosperar em diferentes contextos.	Falta de firmeza ou assertividade, levando à sensação de ser dominado ou controlado.

Medicina	Sombra
Valorização da sensibilidade como força interior.	Fragilidade diante de situações desafiadoras ou ambientes emocionalmente densos.
Relacionamentos afetuosos e nutridores como fonte de segurança e estabilidade.	Dificuldade em enfrentar ambientes hostis ou exigentes por medo da exposição emocional.

45. CHIMPANZÉ

Medicina	Sombra
Inteligência criativa e solução de problemas.	Manipulação de situações ou pessoas para benefício próprio.
Curiosidade e busca constante por novos conhecimentos.	Comportamento agressivo diante de ameaças ou desafios.
Habilidades sociais desenvolvidas, construção de vínculos afetivos.	Competitividade excessiva, prejudicando a harmonia nos relacionamentos.
Comunicação clara, eficaz e expressiva.	Isolamento social por dificuldade em lidar com emoções ou conflitos.
Empatia, cuidado e compaixão nas relações.	Estresse emocional e psicológico resultante de sobrecarga ou desarmonia em ambientes sociais.

46. CIGARRA

Medicina	Sombra
Conexão com o som, a vibração e a comunicação acústica.	Tendência à superficialidade e à evasão de temas profundos.
Clareza para descobrir verdades ocultas e acessar realidades subterrâneas.	Barulho excessivo – seja físico ou verbal – sem sensibilidade ao impacto que causa.

Medicina	Sombra
Busca pela verdade interior e autoconhecimento.	Impaciência, desejo de resultados imediatos sem respeitar o tempo de amadurecimento.
Capacidade de mover-se com rapidez e de estimular movimento ao redor.	Ilusão de grandeza, fuga da realidade ou criação de uma imagem falsa de si mesmo.
Afinidade com o tempo da colheita, com os ciclos de revelação e com a distinção entre realidade e ilusão.	Pressa excessiva que leva à imprudência e ao desgaste.

47. CEGONHA

Medicina	Sombra
Maternidade, acolhimento e cuidado.	Rigidez e inflexibilidade diante de mudanças.
Renascimento e novos começos.	Superproteção, gerando falta de autonomia alheia.
Transformação e abertura para novas possibilidades.	Medo do desconhecido e resistência à mudança.
Equilíbrio físico e emocional.	Dificuldade de adaptação a novas situações.
Estabilidade diante das adversidades.	Dificuldade de conexão emocional com os outros.
Dedicação e compromisso com a família.	Falta de nutrição emocional.
Crescimento e desenvolvimento pessoal.	Relacionamentos superficiais ou distantes.
Melhoria na comunicação e nas conexões.	Apego excessivo à zona de conforto.

48. CISNE

Medicina	Sombra
Graça, beleza e suavidade no modo de ser e agir.	Ilusão da perfeição, idealização excessiva da vida ou de si mesmo.
Galanteio, romantismo e celebração do amor.	Fuga da realidade e comportamento evasivo.
Fidelidade, fé e proteção do vínculo amoroso.	Apego às aparências enganosas e dificuldade em ver a verdade.
Capacidade de superar separações com elegância e serenidade.	Medo ou resistência à mudança, apego ao conhecido.
Criatividade romântica e expressão da paixão.	Dificuldade em lidar com emoções profundas, mantendo uma fachada artificial.
Intuição, dons proféticos e navegação por estados alterados de consciência.	Arrogância, sentimento de superioridade estética, emocional ou espiritual.
Aceitação das transformações e dos ciclos da vida.	Julgamento ou desprezo por quem é considerado "menos refinado".

49. COALA

Medicina	Sombra
Simboliza calma, tranquilidade e movimento lento.	Passividade excessiva; resistência à mudança.
Evocado para práticas como yoga e tai chi, que exigem presença e suavidade.	Apego exagerado ao conforto e à segurança emocional.
Ensina a importância do autocuidado e do descanso profundo.	Tendência à inércia e à fuga de desafios.
Representa a conexão com a natureza interior e o conforto do lar.	Estagnação por medo do desconhecido ou por comodismo.

Medicina	Sombra
Inspira a paz interior e a sabedoria ancestral, valorizando raízes e tradições.	Acomodação em zonas de conforto que limitam o crescimento pessoal e espiritual.

50. COBRA

Medicina	Sombra
Transmutação e transformação interior profunda.	Manipulação emocional ou comportamental, própria ou alheia.
Cura física e espiritual, poder de autocura.	Emoções tóxicas reprimidas (raiva, ciúme, ressentimento, ódio) liberadas de forma destrutiva.
Sexualidade sagrada, aumento da sensualidade e da energia vital.	Energia sexual distorcida: compulsão, dominação, destrutividade.
Conexão com a sabedoria ancestral e com os mistérios ocultos.	Tendência à falsidade, engano ou mascaramento da verdade.
Morte e renascimento simbólicos, renovação de ciclos.	Medo paralisante do desconhecido ou da mudança.
Acesso à energia kundalini e elevação espiritual.	Desejo inconsciente de autossabotagem ou de causar dano aos outros.
Transformação de energias negativas em positivas.	Prisão em padrões inconscientes autodestrutivos.

51. COELHO

Medicina	Sombra
Fertilidade e abundância em ideias, projetos e criação de vida.	Medo e timidez que impedem a manifestação plena e a exploração de novas oportunidades.

Medicina	Sombra
Agilidade para escapar de perigos e agir com rapidez diante de desafios.	Tendência à evasão de temas difíceis ou ao apego ao conforto superficial.
Intuição aguçada e sensibilidade ao ambiente.	Sensação de fragilidade excessiva e dificuldade em enfrentar desafios.
Renovação constante, conexão com os ciclos de vida, morte e renascimento.	Inquietação ou falta de foco, dispersando energia sem direção.
Crescimento rápido, prosperidade e harmonia com os ritmos naturais.	Desperdício ou consumo excessivo de recursos físicos, emocionais ou energéticos.
Atenção e vigilância diante do perigo, prudência inteligente.	Vulnerabilidade exagerada, sensação de ameaça constante sem fundamento.

52. COIOTE

Medicina	Sombra
Espírito Trapaceiro das tradições nativas; evocado para trazer humor, otimismo, malícia sagrada e leveza à vida.	Tendência a enganar a si mesmo ou aos outros; manipulação e astúcia egoísta.
Conecta com a criança interior, com a fé, a inocência e a espontaneidade.	Falta de responsabilidade e maturidade ao lidar com questões importantes.
Inspira soluções criativas para problemas, incentivando a irreverência e o desapego da rigidez.	Pode provocar caos, desordem e consequências destrutivas quando age sem consciência.
Evocado para trazer alegria a reuniões, festas e encontros sociais; promove o riso, a brincadeira e a expressão do corpo.	Insensibilidade com os sentimentos e necessidades dos outros; falta de empatia.

Medicina	Sombra
Símbolo de sucesso alcançado com criatividade e inteligência, sem perder a autenticidade.	Impulsividade e falta de controle sobre instintos e desejos; decisões prejudiciais.
Convida a buscar a essência verdadeira, confiar na intuição e viver com autenticidade.	Autoengano quanto às próprias motivações, levando a escolhas equivocadas.

53. CORVO

Medicina	Sombra
Guardião da sabedoria oculta e dos conhecimentos mágicos.	Medo da mudança ou da morte, tanto literal quanto simbólica.
Evocado em rituais e cerimônias para acessar mistérios profundos.	Confronto com medos profundos, como solidão e escuridão interior.
Guia em viagens astrais e experiências de expansão da consciência.	Tendência ao isolamento e ao fechamento emocional em momentos difíceis.
Mensageiro espiritual, com dons proféticos e visão transformadora.	Medo do desconhecido e resistência em explorar camadas mais profundas do ser.
Indica momentos de transição e transformação espiritual.	Pode simbolizar manipulação, ilusão e engano, tanto externos quanto autoimpostos.
Convida à escuta da sabedoria que se esconde sob a superfície.	

54. CONDOR

Medicina	Sombra
Símbolo de morte e renascimento; guia para enfrentar transformações profundas.	Medo da morte e da mudança; resistência em deixar ir o que não serve mais.

Medicina	Sombra
Representa a transcendência espiritual; conecta o terreno ao sagrado.	Falta de clareza sobre o futuro; sensação de estar perdido ou sem direção.
Mensageiro dos céus e portador de visões; ativa dons proféticos e intuitivos.	Desconexão da espiritualidade e da intuição; dificuldade em acessar a sabedoria interior.
Emana amor materno e proteção; fortalece vínculos familiares e afetivos.	Negligência consigo mesmo ou com os outros; ignora sinais importantes nos relacionamentos.
Agente de purificação; auxilia na liberação de padrões, emoções e energias estagnadas.	Estagnação e repetição de padrões; bloqueios que impedem o crescimento pessoal.

55. CORUJA

Medicina	Sombra
Guardiã da sabedoria antiga e das habilidades ocultas.	Sabedoria obscurecida ou distorcida; dificuldade em enxergar a verdade.
Evocada para revelar verdades ocultas e aprofundar a intuição.	Resistência em aceitar realidades difíceis ou verdades inconvenientes.
Associada à vigília e à capacidade de ver além do óbvio.	Visão turva em momentos de confusão; dificuldade de clareza em situações sombrias.
Guia na exploração de mistérios e do inconsciente.	Medo do desconhecido; relutância em explorar o mundo interior.
Auxilia na superação de bloqueios que impedem a expressão dos talentos.	Tendência a evitar os aspectos profundos ou sombrios do próprio ser.

56. CUTIA

Medicina	Sombra
Simboliza discrição, cautela e atenção aos detalhes sutis.	Excesso de cautela ou desconfiança; tendência ao isolamento.
Ensina a ser observador e cuidadoso diante de situações delicadas.	Dificuldade em confiar nos outros ou em se abrir para relações.
Evocada para desenvolver percepção aguçada e precaução estratégica.	Medo excessivo de riscos; paralisação diante do desconhecido.
Representa adaptabilidade e resiliência em ambientes variados.	Resistência à mudança; rigidez frente a novas situações.
Inspira flexibilidade diante de desafios e transformações.	Falta de confiança nas próprias habilidades de adaptação.

57. DIABO DA TASMÂNIA

Medicina	Sombra
Representa resiliência, sobrevivência e superação de adversidades.	Agressividade excessiva; reações impulsivas diante de desafios.
Inspira força, energia vital e determinação em tempos difíceis.	Tendência a agir sem considerar as consequências; impulsividade prejudicial.
Evocado para fortalecer a resistência emocional e física.	Resistência à mudança, mesmo quando necessária para o crescimento.
Ensina a conservar e direcionar a energia de forma eficaz.	Isolamento social; dificuldade em criar ou manter conexões significativas.
Simboliza a renovação após crises e a adaptação em ambientes hostis.	Comportamento possessivo ou territorial, gerando conflitos desnecessários.

58. DRAGÃO-DE-KOMODO

Medicina	Sombra
Simboliza força, poder interior e superação de desafios.	Agressividade descontrolada; uso destrutivo da força.
Mestre da adaptação e sobrevivência em ambientes hostis.	Resistência à mudança; apego ao passado e estagnação.
Ensina paciência estratégica para atingir objetivos.	Impulsividade ou tendência ao controle excessivo.
Inspira curiosidade e desejo de explorar o desconhecido.	Tendência ao isolamento extremo e à solidão.
Representa transformação e renovação ao longo da vida.	Medo da transformação; recusa em evoluir.
Ensina a buscar equilíbrio e harmonia com a natureza.	Desconfiança, paranoia e dificuldade em confiar nos outros.
Estimula o autoconhecimento por meio da observação e da presença.	Manipulação e engano como formas de defesa ou dominação.

59. ELEFANTE

Medicina	Sombra
Guardião da memória ancestral; ensina a aprender com o passado.	Apego a traumas e mágoas antigas; dificuldade em perdoar e seguir em frente.
Inspira amor-próprio, força interior, autossuficiência e cura.	Teimosia e rigidez; resistência a mudanças e novas ideias.
Símbolo de longevidade, fertilidade e abundância.	Tendência à solidão ou ao distanciamento emocional.
Evocado para estudos e atividades intelectuais; fortalece a memória e a concentração.	Uso descontrolado da força; capacidade de gerar destruição e conflito.

Medicina	Sombra
Ensina sobre o valor da família, da comunidade e do apoio mútuo.	Isolamento por orgulho ou excesso de independência.
Inspira gentileza, compaixão e empatia com os outros e consigo mesmo.	Dificuldade em lidar com emoções intensas; necessidade de controlar a raiva.

60. ESCORPIÃO

Medicina	Sombra
Simboliza intensidade, força interior e instinto de sobrevivência.	Tendência à manipulação sutil ou inconsciente para obter controle.
Inspira transformação e renascimento; abandona o que não serve mais.	Guardar rancor e buscar vingança; dificuldade em perdoar.
Estimula a proteção energética e o estabelecimento de limites saudáveis.	Ciúme e possessividade; desejo de controle em relações e situações.
Associado à sexualidade e à paixão; favorece o autoconhecimento sensual.	Autossabotagem motivada por emoções reprimidas ou mal resolvidas.
Mergulha nas emoções profundas; ensina a encontrar sabedoria nas sombras.	Tendência a esconder partes de si mesmo; padrões autodestrutivos.
Relacionado à intuição, ao mistério e à coragem diante do desconhecido.	Medo e paranoia; desconfiança constante, mesmo sem fundamento.
Convida à integração entre luz e sombra para uma vida mais plena.	Negação de aspectos internos; repressão emocional e conflitos internos.

61. ESQUILO

Medicina	Sombra
Simboliza poupança, planejamento e preparo para o futuro.	Preocupação excessiva com o futuro; viver em constante estado de alerta.
Evocado para organização de orçamentos, investimentos e projetos.	Acúmulo compulsivo de recursos, objetos ou informações.
Ajuda a encontrar objetos perdidos ou esquecidos.	Falta de organização; tendência à desordem por guardar o que não é necessário.
Ensina a guardar apenas o essencial e proteger o que é valioso.	Obsessão por controle e segurança; dificuldade em relaxar.
Inspira agilidade, eficiência e resposta rápida a situações.	Distração constante; dificuldade de concluir tarefas iniciadas.
Traz leveza e alegria; equilibra trabalho com diversão.	Busca incessante por estímulos; sensação de vazio ou frustração.
Convida a apreciar os pequenos prazeres da vida cotidiana.	Perda de presença no agora; negligência das relações próximas.

62. ESTRELA-DO-MAR

Medicina	Sombra
Simboliza regeneração, cura e renovação pessoal.	Resistência à mudança; dificuldade em se abrir para o novo.
Evocada para superar traumas e recomeçar com força e resiliência.	Apego ao passado que impede o crescimento e a transformação.
Ensina a deixar ir o que não serve mais e a seguir em frente.	Bloqueio emocional que dificulta o processo de cura.
Inspira sensibilidade e conexão com as emoções profundas.	Falta de autoconhecimento; desconexão com os sentimentos.

Medicina	Sombra
Estimula o desenvolvimento da intuição e da confiança interior.	Negação das necessidades emocionais; recusa em escutar a própria intuição.
Guia para trilhar caminhos com coragem e leveza emocional.	Medo de se renovar e se reinventar após experiências desafiadoras.

63. ENGUIA

Medicina	Sombra
Simboliza flexibilidade e adaptação às mudanças da vida.	Inflexibilidade; resistência a novas situações ou ambientes.
Evocada para facilitar transições e momentos de transformação.	Medo da mudança; apego a padrões antigos e zonas de conforto.
Ensina a se mover com leveza e agilidade diante dos desafios.	Dificuldade em abandonar o que já não serve; estagnação.
Representa os ciclos de renovação e crescimento pessoal.	Aversão à renovação; medo de se reinventar ou começar de novo.
Inspira a aceitação da impermanência e do fluxo natural da vida.	Preferência pelo controle e pela previsibilidade, mesmo que limitantes.

64. ESTURJÃO

Medicina	Sombra
Simboliza determinação, perseverança e força interior.	Teimosia excessiva; resistência à mudança que impede o crescimento.
Inspira profundidade emocional, introspecção e sabedoria ancestral.	Apego a padrões antigos e obsoletos; dificuldade em se adaptar.

Medicina	Sombra
Representa longevidade e resistência através das eras.	Rigidez frente a novas ideias ou formas de viver.
Ensina a seguir em frente apesar dos obstáculos; manter a fé nos objetivos.	Tendência à estagnação por medo de abandonar o conhecido.
Relacionado à sexualidade como força vital criativa e sagrada.	Questões ligadas a poder, controle ou manipulação na esfera sexual.
Inspira generosidade e partilha do conhecimento profundo.	Uso indevido da energia sexual; desequilíbrio entre dar e receber.

65. EMA

Medicina	Sombra
Simboliza sabedoria ancestral, resistência e sobrevivência.	Teimosia e rigidez; dificuldade em flexibilizar ideias ou atitudes.
Inspira determinação e agilidade para enfrentar desafios.	Impulsividade; tendência a agir sem planejamento.
Relacionada à clareza mental, discernimento e observação aguçada.	Falta de visão estratégica; ações precipitadas que causam retrocessos.
Ensina a manter os pés no chão e seguir em frente com foco.	Resistência à mudança; apego ao conhecido mesmo diante da necessidade de evolução.
Estimula a curiosidade e a busca por conhecimento.	Falta de abertura para o novo; bloqueio ao aprendizado por excesso de certeza.
Representa a adaptabilidade a diferentes ambientes e situações.	Dificuldade em se ajustar a novos contextos; medo de sair da zona de conforto.

66. FAISÃO

Medicina	Sombra
Simboliza a expressão autêntica do eu e a confiança pessoal.	Vaidade e orgulho excessivo; busca constante por validação externa.
Inspira beleza interior, autenticidade e brilho pessoal.	Necessidade de se destacar a qualquer custo; desejo desequilibrado por atenção.
Encoraja a valorização dos próprios talentos e qualidades únicas.	Arrogância; falta de consideração pelos sentimentos e limites dos outros.
Representa coragem para mostrar quem se é sem medo de julgamento.	Comportamentos egocêntricos; desconexão com a humildade e a empatia.
Ensina a confiar em si e a reconhecer o próprio valor com dignidade.	Dificuldade em aceitar críticas ou imperfeições; imagem pessoal inflada.

67. FALCÃO

Medicina	Sombra
Simboliza a precisão, a clareza e a visão aguçada.	Tendência a ser excessivamente crítico ou perfeccionista.
Mensageiro espiritual; leva preces ao Universo e traz respostas sutis.	Comportamento dominador; busca excessiva por poder ou controle.
Ensina a observar à distância e perceber oportunidades ocultas.	Hipervigilância; foco exagerado em detalhes que impede a visão do todo.
Inspira coragem, audácia e ação decidida rumo aos objetivos.	Obsessão pelo controle; dificuldade em delegar e confiar nos outros.
Estimula o desenvolvimento de habilidades ocultas e talentos inexplorados.	Falta de flexibilidade mental; resistência a novas perspectivas.
Favorece a atenção aos detalhes e a tomada de decisões estratégicas.	Visão desequilibrada que causa ansiedade e rigidez na condução da vida.

68. FLAMINGO

Medicina	Sombra
Simboliza graça, beleza, equilíbrio emocional e elegância.	Esconder inseguranças por trás de uma fachada extravagante.
Inspira criatividade, originalidade e autoexpressão autêntica.	Busca excessiva por atenção ou validação externa.
Ensina a manter a compostura em meio ao caos.	Superficialidade nas relações; ênfase excessiva na aparência.
Representa amor-próprio, autoaceitação e singularidade.	Desconexão com emoções verdadeiras; dificuldade em lidar com a vulnerabilidade.
Estimula a confiança na intuição e a expressão emocional clara.	Manipulação emocional para obter aprovação ou vantagem pessoal.
Promove harmonia nos relacionamentos e autenticidade na comunicação.	Tendência à fofoca ou comportamentos sociais desequilibrados.

69. FOCA / LEÃO-MARINHO

Medicina	Sombra
Simboliza imaginação ativa, criatividade e sonhos lúcidos.	Tendência ao escapismo; fuga da realidade e das responsabilidades.
Evocado para lembrar e interpretar sonhos; inspiração artística.	Supressão emocional; dificuldade em expressar sentimentos profundos.
Representa introspecção, descanso e nutrição emocional.	Isolamento excessivo; evitar interações por medo de confrontos.
Ensina a navegar com graça pelas águas emocionais da vida.	Recusa em enfrentar questões emocionais ou conflitos interpessoais.

Medicina	Sombra
Estimula a conexão com reinos sutis, como o mundo dos sonhos e da fantasia.	Desconexão com o mundo real; dificuldade em manter os pés no chão.
Promove equilíbrio entre solitude criativa e convivência afetiva.	Desequilíbrio entre interiorização e socialização; retraimento emocional.

70. FRAGATA

Medicina	Sombra
Simboliza liberdade, pensamento elevado e expansão mental.	Desapego excessivo; desconexão emocional e relacional.
Evocada para ampliar a visão de vida e elevar perspectivas.	Distanciamento intelectual; dificuldade em acessar ou expressar emoções.
Inspira liberdade de ação e superação de limitações autoimpostas.	Tendência a dominar pelo intelecto; rigidez racional.
Ajuda a voar acima de emoções negativas com clareza e objetividade.	Negligência das necessidades afetivas e intuitivas.
Estimula a busca por novos horizontes e crescimento pessoal.	Falta de envolvimento emocional; dificuldade em se aprofundar nas relações.
Representa o domínio do ar e a leveza no pensamento.	Desequilíbrio entre razão e sentimento; falta de integração entre mente e coração.

71. FORMIGA

Medicina	Sombra
Simboliza paciência, perseverança e trabalho bem-feito.	Tendência ao excesso de trabalho e à autonegligência.

Medicina	Sombra
Representa cooperação, esforço coletivo e harmonia social.	Conformismo; seguir padrões impostos sem questionar.
Inspira construção sólida, planejamento e organização.	Falta de criatividade ou inovação por apego ao sistema.
Ensina que pequenos esforços constantes geram grandes resultados.	Autoexigência exagerada; sobrecarga por senso de dever.
Reúne força, disciplina, estratégia e espírito de comunidade.	Dificuldade em se destacar ou reconhecer o próprio valor individual.
Evocada para cultivar senso de propósito e resistência diante dos obstáculos.	Risco de esgotamento físico e emocional por excesso de responsabilidades.

72. GAFANHOTO

Medicina	Sombra
Simboliza a voz interior, a escuta da intuição e do instinto.	Impulsividade; agir sem refletir sobre as consequências.
Evocado para meditação, autoconhecimento e orientação interna.	Agitação mental; dificuldade em encontrar paz interior.
Inspira saltos significativos na vida; superação de obstáculos.	Busca constante por novidades sem reflexão ou enraizamento.
Estimula decisões guiadas pela sabedoria interior.	Falta de foco ou estabilidade; energia dispersa.
Representa avanço com confiança, leveza e precisão.	Risco de desequilíbrio entre ação e introspecção; excesso de movimento sem direção clara.

73. GAIVOTA

Medicina	Sombra
Simboliza liberdade interior, leveza e adaptabilidade.	Superficialidade; dificuldade em se aprofundar em experiências ou vínculos.
Evocada para expandir a comunicação e conectar-se com outras dimensões.	Inquietação constante; tendência a pular de uma coisa para outra sem foco.
Inspira consciência ecológica, limpeza energética e ação em prol do coletivo.	Dificuldade em assumir responsabilidades ou compromissos duradouros.
Representa inteligência, astúcia e criatividade na resolução de desafios.	Desejo excessivo por liberdade; resistência a vínculos e estruturas.
Ensina a navegar por desafios com visão ampla e soluções inovadoras.	Falta de constância e comprometimento; abandono de projetos ou metas.
Estimula conexão com o reino das fadas, águas e forças sutis da natureza.	Instabilidade emocional; dificuldade em criar raízes ou estabilidade.

74. GALINHA

Medicina	Sombra
Simboliza maternidade, fertilidade e renovação emocional.	Superproteção; sufoca o crescimento dos outros por excesso de cuidado.
Evocada para nutrir, acolher e proteger os que estão sob nossa responsabilidade.	Medo constante e preocupação excessiva com o bem-estar alheio.
Ensina a valorizar a simplicidade e encontrar alegria no cotidiano.	Resistência à mudança; apego ao conhecido e ao conforto.
Representa o cuidado com o lar, a família e os ciclos naturais da vida.	Ansiedade por antecipação de perdas; insegurança afetiva.
Inspira conexão com a terra, com o essencial e com a sabedoria prática.	Mentalidade estagnada; dificuldade em enxergar novas possibilidades.

75. GALO

Medicina	Sombra
Simboliza sexualidade, fertilidade e expressão energética.	Energia masculina agressiva; tendência à dominação autoritária.
Evocado para cerimônias, oferendas e manifestações artísticas ou espirituais.	Arrogância e comportamento confrontador; imposição da própria vontade.
Representa o despertar espiritual e o início de novos ciclos.	Falta de sensibilidade emocional; foco excessivo em força e controle.
Inspira coragem, altivez e elegância na presença e na ação.	Dificuldade em ouvir e acolher o outro; liderança rígida e inflexível.
Encoraja o uso consciente da voz, da presença e da proteção comunitária.	Desequilíbrio entre determinação e empatia; liderança baseada no ego.

76. GAMBÁ

Medicina	Sombra
Simboliza proteção, adaptação e discrição estratégica.	Comportamento evasivo; tendência a evitar responsabilidades ou confrontos.
Ensina resistência passiva e defesa sem violência.	Uso manipulativo da sutileza para escapar de situações desconfortáveis.
Evocado para quebrar paradigmas e repensar velhos pontos de vista.	Camuflagem excessiva; perda de autenticidade ao tentar agradar ou se proteger.
Estimula a criatividade e novas formas de lidar com padrões repetitivos.	Adaptação exagerada que compromete a integridade pessoal.
Ajuda a afastar pessoas e situações tóxicas com elegância e firmeza.	Tendência a se esconder emocionalmente ou se apagar diante dos outros.
Representa percepção aguçada e posicionamento inteligente.	Medo de se afirmar; dificuldade em estabelecer presença de forma saudável.

77. GANSO

Medicina	Sombra
Simboliza lealdade, cooperação e proteção mútua.	Proteção excessiva; tendência a sufocar os outros por zelo.
Inspira o cuidado com os laços familiares e comunitários.	Agressividade ao defender entes queridos; reações desproporcionais.
Representa trabalho em equipe e apoio mútuo para alcançar objetivos.	Dificuldade em equilibrar cuidado com respeito à autonomia alheia.
Evocado para promover união, solidariedade e esforço coletivo.	Tendência a controlar ou vigiar demais sob o pretexto de proteção.
Simboliza jornadas de transformação e abertura a novas direções.	Resistência inconsciente à liberdade do outro; confusão entre amor e posse.
Ensina a avançar com harmonia e eficiência por meio da colaboração.	Dificuldade em soltar e permitir que os outros sigam seu próprio caminho.

78. GARÇA

Medicina	Sombra
Simboliza quietude, paciência e meditação profunda.	Isolamento excessivo; fuga da convivência ou da intimidade emocional.
Evocada para cultivar equilíbrio entre solitude e vida social.	Dificuldade em se conectar com os outros; tendência ao retraimento social.
Representa calma, desapego, autonomia e observação aguçada.	Evitação de emoções profundas; rigidez emocional disfarçada de serenidade.
Inspira a busca por paz interior, individualidade e firmeza.	Falta de equilíbrio entre recolhimento e envolvimento com o mundo externo.

Medicina	Sombra
Relacionada à cooperação com os ciclos da natureza e ao fluir com a vida.	Tendência a negar a necessidade de apoio ou troca afetiva.
Encoraja introspecção, estabilidade e coragem silenciosa.	Risco de solidão emocional por excesso de autoisolamento.

79. GATO

Medicina	Sombra
Simboliza o entendimento dos mistérios, magia e intuição profunda.	Astúcia excessiva; tendência à manipulação para benefício próprio.
Evocado para desenvolver sensibilidade, independência e sabedoria interior.	Independência extrema; dificuldade em criar vínculos afetivos duradouros.
Conecta com o mundo espiritual e com os reinos sutis da percepção.	Distanciamento emocional; frieza nas relações e falta de empatia.
Inspira liberdade pessoal, autoconfiança e autonomia de pensamento.	Falta de compromisso; comportamento imprevisível ou egoísta.
Representa elegância, sensualidade e presença silenciosa.	Isolamento como mecanismo de defesa; desinteresse por cooperação.
Ajuda a interpretar sinais do invisível e confiar na própria intuição.	Uso da intuição para manipular ou controlar situações em benefício próprio.

80. GAVIÃO

Medicina	Sombra
Simboliza visão clara, discernimento e percepção aguçada.	Visão distorcida da realidade; decisões baseadas em ilusões ou julgamentos precipitados.

Medicina	Sombra
Evocado para ampliar a compreensão e enxergar além das aparências.	Ausência de direção; dificuldade em liderar ou tomar decisões firmes.
Representa liderança com sabedoria, firmeza e inspiração.	Abuso de poder; tendência a comportamentos autoritários ou manipuladores.
Atua como guardião espiritual; oferece proteção energética e emocional.	Sensação de vulnerabilidade; falta de proteção interna ou externa.
Inspira clareza de objetivos, foco e propósito elevado.	Desorientação; perda de propósito ou confusão quanto ao próprio caminho.

81. GAZELA

Medicina	Sombra
Simboliza graça, delicadeza e agilidade diante dos desafios.	Vulnerabilidade excessiva; sensação constante de ameaça.
Evocada para desenvolver leveza, suavidade e movimento fluido.	Tendência a fugir ou evitar enfrentamentos difíceis.
Inspira vigilância e sensibilidade aos sinais do ambiente.	Medo persistente que impede ação; paralisia diante do risco.
Representa adaptação rápida e equilíbrio entre força e sutileza.	Fragilidade emocional; dificuldade em sustentar decisões com firmeza.
Encoraja compaixão, gentileza e autocuidado como expressão de força.	Evitação de conflitos; resistência em confrontar a própria dor ou limites.

82. GIRAFA

Medicina	Sombra
Simboliza visão ampla, intuição e elevação espiritual.	Desconexão da realidade; dificuldade em lidar com questões práticas.
Evocada para clareza mental, imaginação e solução de problemas.	Tendência a se perder em idealizações ou conceitos abstratos.
Representa a ponte entre o céu e a terra; equilíbrio espiritual e material.	Resistência em encarar aspectos simples ou básicos da vida cotidiana.
Inspira empatia, simpatia e gentileza nas relações.	Postura de superioridade espiritual; afastamento dos outros por vaidade sutil.
Encoraja a ampliar a perspectiva e a olhar adiante com sabedoria.	Falta de aplicação prática da sabedoria; visão elevada sem ação concreta.
Ajuda a antecipar situações e a enxergar além do óbvio.	Desatenção aos detalhes do presente; excesso de foco no futuro ou no abstrato.

83. GNU (ÑU)

Medicina	Sombra
Simboliza resistência, coragem e determinação frente aos desafios.	Conformismo cego; dificuldade em afirmar a própria individualidade.
Evocado para desenvolver perseverança e adaptabilidade em tempos difíceis.	Perda de identidade ao seguir o grupo sem questionamento.
Representa movimento, transição e busca por recursos essenciais.	Sensação de inquietação constante; dificuldade em encontrar estabilidade.
Inspira ação, mudança e renovação contínua em busca de crescimento.	Estar sempre “em trânsito”, sem apreciar ou valorizar o presente.
Ensina o valor da comunidade, da cooperação e do apoio mútuo.	Dificuldade em equilibrar pertencimento coletivo com expressão pessoal.

84. GOLFINHO/BOTO

Medicina	Sombra
Simboliza amor incondicional, pureza, cura e alinhamento interior.	Superficialidade emocional; tendência a evitar questões profundas.
Evocado para relacionamentos harmoniosos e terapias com amor e consciência.	Busca excessiva por prazer imediato; fuga da responsabilidade emocional.
Inspira alegria, leveza, brincadeira e prazer nas coisas simples.	Uso do bom humor como máscara para evitar dores não resolvidas.
Representa inteligência, comunicação clara e sociabilidade afetiva.	Dificuldade em sustentar profundidade nos vínculos; dispersão emocional.
Estimula a conexão com a força vital, a natureza e o reino das águas.	Negligência das sombras internas em nome de uma positividade constante.
Associado à paz, à liberdade e à sabedoria intuitiva.	Tendência a romantizar a realidade, evitando confrontar desafios internos.

85. GORILA

Medicina	Sombra
Simboliza sabedoria ancestral, força interior e serenidade.	Agressividade descontrolada; explosões emocionais sem autocontrole.
Evocado para cultivar paz interior, tolerância e poder compassivo.	Rigidez mental e emocional; dificuldade em lidar com a flexibilidade da vida.
Ensina equilíbrio entre firmeza e gentileza, poder e compaixão.	Falta de empatia; dificuldade em se colocar no lugar do outro.
Representa liderança serena, respeito e autoridade com integridade.	Uso impositivo da força; tentativa de controlar pelo medo ou intimidação.
Inspira escuta interior, paciência e ação consciente.	Repressão da própria vulnerabilidade; medo de parecer fraco ao agir com suavidade.

86. GRALHA

Medicina	Sombra
Simboliza comunicação clara, inteligência e adaptabilidade.	Intrigueiro; uso distorcido da comunicação que gera conflito.
Evocada para desenvolver expressão verbal, escuta e aprendizado.	Manipulação através da fala; persuasão usada de forma egoísta.
Representa flexibilidade e habilidade de se ajustar a diferentes contextos.	Comunicação mal-intencionada; desonestidade ou duplicidade verbal.
Inspira curiosidade, criatividade e abertura a novas ideias.	Tendência a usar a inteligência de forma oportunista ou manipuladora.
Ensina a crescer por meio da experiência e da interação com o ambiente.	Distração e dispersão; uso da fala como fuga da introspecção.

87. GRILO

Medicina	Sombra
Simboliza sorte, boa fortuna e harmonia interior.	Excesso de sensibilidade; tendência à ansiedade e insegurança.
Evocado para estimular a intuição, a escuta interna e a inspiração.	Dificuldade em se comunicar com clareza ou ouvir os outros.
Inspira resiliência e leveza diante dos desafios da vida.	Isolamento emocional; sensação de não ser compreendido.
Representa a música interior, a expressão criativa e a esperança.	Indecisão crônica; hesitação em agir ou se posicionar.
Ajuda a confiar nos próprios instintos e seguir o caminho com leveza.	Vulnerabilidade a influências externas; falta de equilíbrio entre emoção e razão.

88. GUAXINIM

Medicina	Sombra
Simboliza limpeza, adaptabilidade e habilidade de sobrevivência.	Astúcia usada para manipulação ou engano.
Evocado para remover máscaras e revelar a autenticidade.	Tendência a se esconder atrás de máscaras para evitar a verdade.
Representa humor, audácia, inteligência e contentamento.	Excesso de confiança ou dissimulação emocional.
Inspira leveza, esperteza e criatividade para resolver problemas.	Comportamentos evasivos; dificuldade em assumir responsabilidades.
Atua como palhaço mítico, ensinando por meio da irreverência e da astúcia.	Agressividade defensiva; reatividade diante de desafios emocionais.
Transita entre mundos (água, terra, cidade, floresta); símbolo de versatilidade.	Necessidade de enfrentar conflitos com mais honestidade e menos teatralidade.

89. GUEPARDO

Medicina	Sombra
Simboliza velocidade, agilidade e ação precisa.	Impulsividade; busca por resultados imediatos sem planejamento.
Evocado para agir com foco e determinação quando a oportunidade surge.	Superficialidade nas relações ou objetivos por falta de profundidade.
Representa confiança nas próprias habilidades e coragem diante de desafios.	Dificuldade em manter constância; aversão a processos longos e persistentes.
Ensina a importância do equilíbrio entre ação e repouso.	Tendência a evitar compromissos duradouros ou esforços contínuos.
Inspira elegância em movimento, graça sob pressão e decisões rápidas.	Medo inconsciente da dedicação a longo prazo; busca de gratificação instantânea.

90. HAMSTER

Medicina	Sombra
Simboliza introspecção, reserva e sabedoria no uso da energia.	Agitação interior; dificuldade em encontrar paz e tranquilidade.
Evocado para refletir, descansar e equilibrar ação com pausa.	Hiperatividade mental ou física; dificuldade em desacelerar.
Representa a capacidade de armazenar recursos para o futuro.	Acumulação excessiva, material ou emocional; sensação de sobrecarga.
Inspira conexão com o mundo interior e ciclos noturnos de energia.	Isolamento prolongado; resistência em se abrir ou compartilhar com os outros.
Ensina a manter vitalidade por meio da preparação e do autocuidado.	Falta de planejamento; impulsividade sem considerar consequências futuras.

91. HIENA

Medicina	Sombra
Simboliza astúcia, inteligência prática e adaptabilidade.	Trapaça e manipulação; uso distorcido da inteligência para enganar.
Evocada para fortalecer a resistência e a superação de adversidades.	Tendência ao isolamento emocional; dificuldade em se conectar profundamente.
Representa trabalho em equipe, colaboração e força comunitária.	Conformismo excessivo; busca por validação externa em detrimento da autenticidade.
Inspira vigilância, atenção ao ambiente e sabedoria instintiva.	Desconfiança crônica; pessimismo em relação às intenções alheias.
Associada ao poder feminino, à força interior e à sabedoria intuitiva.	Falta de discernimento; ilusão ou autoengano diante de falsas promessas.

92. HIPOPÓTAMO

Medicina	Sombra
Simboliza aterramento, equilíbrio emocional e sensibilidade intuitiva.	Excesso de praticidade; repressão das emoções e da intuição.
Evocado para alinhar a conexão entre emoções profundas e vida prática.	Resistência a mudanças; apego à zona de conforto emocional.
Representa calma, força interior e sabedoria ancestral.	Ligação excessiva com o passado; dificuldade em acolher o novo.
Inspira eficiência, foco e determinação para concluir projetos.	Rigidez emocional; bloqueios para expressar sentimentos com fluidez.
Ensina a caminhar com estabilidade, respeitando o ritmo interno.	Negligência da dimensão espiritual; excesso de materialismo ou controle.

93. IMPALA

Medicina	Sombra
Simboliza velocidade, agilidade e resposta rápida aos desafios.	Impulsividade; agir sem refletir sobre as consequências.
Evocado para desenvolver destreza, inteligência e superação elegante de obstáculos.	Busca por gratificação imediata; dificuldade em manter o foco a longo prazo.
Inspira confiança na própria capacidade de adaptação e movimento.	Falta de planejamento; negligência de detalhes importantes.
Representa graça, leveza e presença mesmo em situações adversas.	Propensão a correr riscos desnecessários por falta de ponderação.

94. JACARÉ / CROCODILO

Medicina	Sombra
Simboliza o inconsciente profundo, iniciação e transformação.	Manipulação e agressividade quando mal direcionados.
Evocado para acessar sabedoria interior, clarividência e vidas passadas.	Comportamento predatório ou controlador; uso negativo da astúcia.
Representa morte e renascimento; reorganização após o caos.	Resistência à mudança; apego ao passado que bloqueia a evolução.
Ensina a transformar impulsos agressivos em ação consciente.	Desequilíbrio emocional; explosões destrutivas ou confronto constante.
Inspira alianças com o diferente e superação de ciclos antigos.	Dificuldade em confiar; tendência a agir por defesa ou dominação.

95. JAVALI

Medicina	Sombra
Simboliza comunicação assertiva, inteligência e discernimento.	Dificuldade em se expressar com clareza; tendência a gerar mal-entendidos.
Evocado para fortalecer a conexão entre pares e o diálogo honesto.	Postura excessivamente defensiva; reação exagerada diante de ameaças sutis.
Representa coragem, proteção e vigilância ativa do território pessoal.	Medo constante do perigo; hipervigilância emocional ou social.
Inspira expressão autêntica de sentimentos, pensamentos e necessidades.	Negligência na proteção de si ou dos outros; passividade diante de injustiças.
Ensina a agir com sabedoria, verdade e firmeza em relações interpessoais.	Comportamento reativo ou combativo que compromete vínculos afetivos.

96. JIBOIA

Medicina	Sombra
Simboliza transformação, renovação e cura profunda.	Medo da mudança; resistência a abandonar o passado.
Representa a troca de pele: renascimento, crescimento e desapego.	Negação de partes sombrias do eu; recusa em integrar experiências difíceis.
Evocada para facilitar curas físicas, emocionais e espirituais.	Potencial para manipulação ou traição, quando mal integrada.
Associada à medicina sagrada em tradições como a dos Huni Kuin.	Tendência a projetar sombras nos outros, sem assumir responsabilidade.
Inspira conexão com o mundo espiritual, visão interior e sabedoria ancestral.	Cautela com ilusões espirituais ou uso indevido do poder intuitivo.

97. JOANINHA

Medicina	Sombra
Simboliza sorte, renovação e boas mudanças.	Resistência à mudança; apego a padrões antigos.
Evocada para proteção espiritual e autoconhecimento.	Medo de deixar o passado para trás, mesmo que não sirva mais.
Traz a energia do Sol, iluminando caminhos e novas oportunidades.	Ilusão de segurança no que é conhecido, dificultando o renascimento interior.
Ligada ao alinhamento espiritual e à cura de vidas passadas.	Estagnação espiritual por medo de transformação ou desconforto com o novo.
Inspira leveza, alegria e confiança no fluxo da vida.	Tendência a evitar confrontos necessários por querer manter a “aparência” de positividade.

98. LACRAIA

Medicina	Sombra
Simboliza resistência, adaptação e sobrevivência em ambientes hostis.	Agitação interior, ansiedade ou inquietação constante.
Ensina a proteger a própria integridade física, emocional e espiritual.	Reações excessivamente defensivas ou agressivas diante de conflitos.
Inspira a flexibilidade e a capacidade de seguir em frente, mesmo diante de obstáculos.	Adaptação negativa que compromete valores ou integridade pessoal.
Possui mecanismos de defesa que nos lembram do direito de estabelecer limites claros.	Tendência a manter padrões destrutivos ou emoções tóxicas por medo de mudança.
Evoca força silenciosa e estratégias eficazes para se manter firme.	Sensação de ser ignorado, subestimado ou desvalorizado, o que pode gerar ressentimento.

99. LAGARTIXA

Medicina	Sombra
Adaptação rápida a mudanças e transições na vida.	Medo da mudança e resistência em sair da zona de conforto.
Capacidade de regeneração: simboliza renovação e libertação do que não serve mais.	Sensação de fragilidade emocional ou vulnerabilidade diante de desafios.
Visão expandida: habilidade de perceber além das aparências e captar sutilezas energéticas.	Tendência a evitar conflitos, escondendo-se ou se retraindo diante de situações difíceis.
Proteção e discrição: ensina sobre a importância de se preservar e estabelecer limites.	Sentimento de invisibilidade, de ser ignorado ou não reconhecido pelos outros.
Conexão espiritual e habilidade de transitar entre diferentes dimensões sutis.	Desconexão espiritual ou dificuldade em se conectar com propósitos mais elevados.
Inspira leveza, movimento e agilidade emocional.	Uso da camuflagem como forma de manipulação ou para esconder a verdadeira identidade.

100. LAGARTO

Medicina	Sombra
Representa o Sol na roda medicinal: traz luz, energia vital e clareza.	Medo do desconhecido e resistência à transformação.
Inspira otimismo, renovação e coragem para seguir em frente.	Apego ao passado e a padrões obsoletos, dificultando o crescimento.
Medicina dos sonhos: revela a importância de prestar atenção aos sonhos como guias espirituais.	Rigidez mental e emocional diante de mudanças inevitáveis.
Habilidade de se adaptar a novas realidades e ambientes com flexibilidade.	Tendência a evitar mudanças ou a permanecer em situações que já não servem mais.
Ajuda a lidar com crises e superar dificuldades, com sabedoria intuitiva.	Recusa em abandonar antigas formas de pensar ou viver, mesmo que sejam prejudiciais.
Estimula a conexão com a intuição, percepção aguçada e visão interior.	Falta de confiança nos próprios instintos e na orientação interna.

101. LAGOSTA

Medicina	Sombra
Simboliza resistência emocional e física; ensina a persistir mesmo em meio às adversidades.	Teimosia e rigidez: dificuldade em se adaptar ou aceitar mudanças necessárias.
Vive em águas profundas, representando a capacidade de mergulhar no inconsciente e nas emoções profundas.	Apego ao passado ou a padrões de comportamento ultrapassados.
Representa a renovação: troca de carapaça simboliza crescimento, transformação e adaptabilidade.	Excesso de proteção: tendência a se fechar emocionalmente ou sufocar os outros por zelo excessivo.

Medicina	Sombra
Inspira proteção e cuidado com os outros, especialmente com os mais vulneráveis.	Controle excessivo sobre si mesmo ou sobre os outros, por medo de exposição ou perda.
Ensina a importância de equilibrar proteção e liberdade, autocuidado e entrega.	Medo da vulnerabilidade, levando à retração e isolamento emocional.

102. LAGOSTIM

Medicina	Sombra
Simboliza a conexão com a intuição, os ciclos emocionais e a mente subconsciente.	Medo do desconhecido e resistência em enfrentar emoções profundas.
Inspira a confiança na própria sensibilidade, mesmo em situações obscuras ou incertas.	Confusão emocional e sensação de estar perdido, sem clareza sobre o caminho.
Representa os processos internos guiados pela carta A Lua no tarot: intuição, mistério, transformação emocional.	Ilusões e enganos criados pela mente, que podem gerar padrões negativos ou paralisia emocional.
Ensina a fluir com as correntes da vida, adaptando-se às mudanças com sensibilidade.	Negação dos ciclos emocionais, bloqueando o crescimento e o autoconhecimento.
Convida à introspecção e à escuta profunda dos próprios sentimentos, honrando também os momentos de escuridão.	Ansiedade intensa, sensação de descontrole ou de afogamento emocional.

103. LEÃO

Medicina	Sombra
Liderança natural, coragem e força interior para enfrentar desafios.	Uso excessivo de poder e autoridade, agindo de forma dominadora.

Medicina	Sombra
Inspira autoconfiança, ousadia e determinação para iniciar e concluir projetos.	Arrogância, orgulho excessivo e dificuldade em ouvir ou aceitar opiniões alheias.
Conectado ao Sol: vitalidade, saúde, proteção, prosperidade e energia sexual.	Falta de controle emocional, agindo impulsivamente ou com agressividade.
Ensina o equilíbrio entre mente e coração, luz e sombra, emoção e razão.	Tendência a controlar os outros ou a impor sua vontade.
Representa proteção à comunidade e aos entes queridos com bravura e lealdade.	Isolamento emocional disfarçado de autossuficiência; dificuldade em reconhecer fragilidades.
Valoriza o trabalho em grupo (orgulho), mesmo mantendo sua individualidade.	Dificuldade em colaborar de forma harmoniosa, insistindo em liderar sempre.

104. LÊMURE

Medicina	Sombra
Conexão espiritual profunda, especialmente com os ancestrais e os guias espirituais.	Isolamento excessivo, levando à solidão e à desconexão emocional.
Sabedoria ancestral e respeito pelos que vieram antes.	Tendência à fuga da realidade ou recusa em enfrentar questões importantes.
Introspecção, busca interior e revelação de mistérios ocultos.	Autoengano ou dificuldade em encarar a verdade sobre si e sobre os outros.
Adaptação e flexibilidade diante de mudanças e desafios.	Contato com emoções destrutivas, pensamentos negativos ou influências espirituais densas.
Equilíbrio entre o mundo material e o espiritual.	Falta de clareza e direção, levando a decisões impulsivas ou confusas.
Sensibilidade à intuição e aos sinais sutis do mundo espiritual.	Dificuldade em distinguir realidade de fantasia; propensão à confusão espiritual ou emocional.

105. LEOPARDO

Medicina	Sombra
Força silenciosa e capacidade de agir com discrição e precisão.	Furtividade excessiva, tendência à manipulação e engano.
Autoconfiança e habilidade de se mover entre os mundos visível e invisível.	Supressão de emoções e aspectos importantes da personalidade.
Independência, resiliência e adaptabilidade em ambientes difíceis.	Desequilíbrio interno causado por repressão emocional ou falta de autenticidade.
Capacidade de se camuflar e observar antes de agir, desenvolvendo estratégia e perspicácia.	Uso do silêncio como forma de evitação ou de controle sobre os outros.
Introspecção e poder pessoal oculto.	Dificuldade em confiar nos outros ou em se permitir ser vulnerável.

106. LIBÉLULA

Medicina	Sombra
Transformação, renovação e capacidade de adaptação às fases da vida.	Superficialidade e distração com ilusões ou aparências.
Clareza mental, visão ampla e capacidade de enxergar além das ilusões.	Instabilidade, inconstância e dificuldade de manter o foco.
Leveza, graça e alegria de viver; conexão com o presente.	Falta de ancoragem, tendência a agir por impulso ou de forma dispersa.
Conexão espiritual e sensibilidade à presença do divino.	Vulnerabilidade emocional ou sensação de fragilidade diante das mudanças.
Força interior e agilidade para enfrentar desafios com leveza.	Tendência à evasão, manipulação ou fuga da realidade emocional.

107. LHAMA

Medicina	Sombra
Resistência e resiliência diante de desafios e adversidades.	Teimosia, inflexibilidade e resistência à mudança.
Proteção e cuidado com os outros, especialmente em relações de grupo.	Isolamento emocional ou tendência a se distanciar dos outros.
Força interior tranquila, paciência e equilíbrio emocional.	Sensação de estagnação ou falta de progresso na vida.
Adaptabilidade e flexibilidade em situações de mudança.	Dificuldade em se adaptar a novas situações ou ambientes.
Cooperação, convivência harmoniosa e trabalho em equipe.	Obstinação que prejudica relacionamentos e impede o crescimento pessoal.

108. LINCE

Medicina	Sombra
Conexão com o conhecimento oculto, sabedoria ancestral e mistérios interiores.	Medo de encarar verdades ocultas ou aspectos reprimidos da psique.
Desenvolvimento da intuição, clarividência e poderes psíquicos.	Isolamento emocional, afastamento das conexões humanas.
Capacidade de observar silenciosamente e agir no momento certo.	Confusão mental ou espiritual, dificuldade de distinguir realidade de ilusão.
Introspecção profunda, silêncio interior e proteção do próprio espaço energético.	Autoengano, fuga da realidade ou recusa em confrontar situações desconfortáveis.
Visão além das aparências, busca pela verdade e conexão com o divino.	Falta de clareza e discernimento, tendência a se perder em fantasias e ilusões.

109. LOBO

Medicina	Sombra
Representa o mestre, o professor, símbolo de sabedoria, ensinamento e liderança espiritual.	Impulsos predatórios, busca egoísta por satisfação às custas dos outros.
Inspira relacionamentos saudáveis, baseados em lealdade, respeito e confiança.	Isolamento, solidão, dificuldade em confiar ou se conectar com os outros.
Auxilia no enfrentamento de medos, na eliminação de fraquezas e pensamentos negativos.	Medo da mudança e do desconhecido; resistência ao crescimento pessoal.
Simboliza fidelidade, força, coragem e o poder de caminhar longe e liderar com amor e compaixão.	Raiva mal canalizada; comportamentos agressivos ou destrutivos por repressão emocional.
Traz visão criativa, conexão com o inconsciente e a Lua; ajuda a transformar instintos em sabedoria.	Desequilíbrio emocional, sexualidade descontrolada ou mal resolvida; impulsos instintivos reprimidos.

110. LOBO-GUARÁ

Medicina	Sombra
Simboliza adaptação, resiliência e capacidade de sobreviver em diferentes ambientes.	Tendência ao isolamento e à dificuldade de criar vínculos afetivos ou sociais.
Representa a independência e a força interior; ensina a confiar em si mesmo.	Independência em excesso pode levar à solidão profunda e à desconexão emocional.
Inspira astúcia, inteligência e criatividade para resolver problemas.	Astúcia desequilibrada pode se tornar manipulação, dissimulação ou engano.
Sua presença convida ao autoconhecimento silencioso e ao recolhimento saudável.	Pode haver resistência ao trabalho em grupo, à cooperação e à construção conjunta.
Como animal nativo do Brasil, evoca reconexão com as raízes e com o Cerrado.	Pode simbolizar evitação de vínculos emocionais por medo de dependência ou vulnerabilidade.

111. LONTRA

Medicina	Sombra
Representa a eficiência equilibrada, ensinando a cumprir tarefas com leveza para abrir espaço ao lazer e à espontaneidade.	Pode indicar evasão de responsabilidades, excesso de brincadeiras ou dispersão que prejudica o foco e os compromissos.
Simboliza a alegria de viver e a importância do prazer nas pequenas coisas, inspirando uma abordagem lúdica da vida.	Tendência à infantilização emocional ou superficialidade, evitando profundidade emocional ou enfrentamento de questões difíceis.
É ligada à sensitividade e intuição, favorecendo a percepção sutil das emoções alheias.	Dificuldade em lidar com a intensidade emocional dos outros, o que pode gerar desconfiança, ciúmes ou conflitos interpessoais.
Convida à expressão criativa e verbal, estimulando a eloquência, a improvisação, os jogos e a leveza nas relações.	Pode simbolizar comunicação dispersa ou ineficaz, e uma tendência a falar demais sem escutar profundamente.
Evoca os poderes femininos, conectando com a sensualidade, a fluidez, a empatia e a receptividade.	Negação ou exagero de aspectos femininos internos pode levar à instabilidade emocional ou carência afetiva.
Encoraja a adaptação fluida às mudanças, assim como se move com facilidade entre água e terra.	Pode haver resistência passiva a mudanças mais estruturais, optando por evitar conflitos ao invés de enfrentá-los.

112. LOUVA-DEUS

Medicina	Sombra
Representa a calma profunda, o silêncio interior e a paciência estratégica. Evocado para acalmar corpo, mente e ambiente.	Pode simbolizar passividade excessiva, esperando demais por oportunidades sem tomar iniciativa ou correndo o risco de perder o momento certo.

Medicina	Sombra
Inspira a meditação, contemplação e introspecção, favorecendo práticas como artes marciais, respiração consciente e cura energética.	Tendência à rigidez mental ou emocional, com dificuldade de adaptação ou abertura para novas ideias e experiências.
Estimula sonhos reveladores, dons proféticos e sensibilidade espiritual, conectando com planos sutis de consciência.	Pode representar manipulação sutil, onde o silêncio ou a paciência são usados como ferramentas para obter controle ou vantagem sobre os outros.
Simboliza o equilíbrio e a harmonia, tanto física quanto emocional, cultivando uma postura centrada e estável.	Crítica excessiva, tanto interna quanto externa, que bloqueia o fluxo natural da vida e sabota o autoconhecimento com julgamentos.
Evoca a capacidade de agir com precisão e no momento certo, com foco e consciência plena.	Pode sugerir isolamento emocional ou uma introspecção excessiva que leva ao afastamento das interações e do mundo exterior.
Traz a medicina da conexão espiritual profunda, incentivando a busca por respostas no silêncio da alma.	A sombra pode surgir como espiritualidade desconectada do corpo ou da vida prática, resultando em alienação ou fuga da realidade.

113. MACACO

Medicina	Sombra
Representa a criatividade, inteligência e alegria. Ensina a resolver problemas com soluções criativas e a cultivar leveza diante da vida.	Pode se manifestar como superficialidade, distração constante e falta de comprometimento com objetivos ou relacionamentos.
Estimula a sociabilidade, comunicação clara e eficaz, reforçando vínculos e fortalecendo amizades.	Pode indicar dispersão mental, dificuldade de concentração e instabilidade emocional ou comportamental.

Medicina	Sombra
Inspira a curiosidade, o aprendizado e a experimentação, lembrando que errar também faz parte do caminho.	A inteligência e o carisma podem ser usados de forma manipuladora, para enganar ou controlar os outros em benefício próprio.
Evocado para promover bom humor, agilidade, habilidade e espírito festivo, especialmente em celebrações e eventos sociais.	Pode expressar excesso de irreverência, zombaria ou comportamentos irresponsáveis, desrespeitando limites alheios ou contextos mais sérios.
Convida à brincadeira, leveza e capacidade de maravilhar-se, reforçando que a espiritualidade também pode ser divertida.	Pode representar uma fuga das emoções profundas, evitando o autoconhecimento por meio de distrações constantes e entretenimento vazio.
Simboliza a sabedoria que nasce da observação e da imitação inteligente, incentivando a aprender com os outros.	Pode revelar relutância em assumir responsabilidades, preferindo a liberdade despreocupada à profundidade emocional ou ao compromisso.

114. MARIPOSA

Medicina	Sombra
Representa a transformação e o renascimento, ensinando a abraçar as mudanças e confiar nos ciclos naturais da vida.	Pode revelar resistência à mudança, medo do desconhecido ou evitação de transformações necessárias.
Simboliza o movimento entre as sombras e a busca pela luz, mostrando como encontrar beleza e sabedoria em situações difíceis.	Pode indicar a tendência a se esconder, evitar desafios ou permanecer em zonas de conforto para fugir do crescimento pessoal.
Evocada para trabalhar com a aceitação da impermanência, celebrando cada fase da vida como parte do processo de evolução.	Pode manifestar dificuldade em lidar com perdas, transições ou incertezas, levando à estagnação ou apego ao passado.

Medicina	Sombra
Inspira flexibilidade, leveza e adaptação, convidando a fluir com as mudanças em vez de resisti-las.	Pode refletir fragilidade emocional, dispersão ou instabilidade, especialmente em momentos de transição.
Simboliza a beleza da individualidade e da diversidade, cada mariposa tem sua cor e desenho únicos.	Pode trazer à tona sentimentos de autonegação, comparação ou não reconhecimento do próprio valor e singularidade.
Convida a encontrar a luz interior mesmo na escuridão, fortalecendo a fé no processo de crescimento.	Pode representar a fuga de si mesmo, a negação da sombra pessoal ou o medo de enfrentar dores profundas.

115. MARISCO

Medicina	Sombra
Proteção e segurança: sua concha simboliza a importância de manter limites saudáveis e proteger a energia pessoal.	Fechamento emocional: tendência a se retrair excessivamente por medo de se ferir ou se expor.
Paciência e resiliência: ensina a esperar o tempo certo para o desenvolvimento das situações.	Isolamento: dificuldade em se abrir para novas relações ou experiências, mantendo-se na zona de conforto.
Cuidado com o lar e a família: inspira a criação de ambientes acolhedores, seguros e afetivos.	Dificuldade de conexão: medo de intimidade ou de confiar nos outros pode impedir vínculos profundos.

116. MEXILHÃO

Medicina	Sombra
Proteção energética: sua concha firme ensina sobre a importância de manter limites pessoais e emocionais bem definidos.	Rigidez: dificuldade em flexibilizar seus limites, tornando-se inflexível diante de novas situações.

Medicina	Sombra
Força na coletividade: vive em agrupamentos densos, simbolizando o valor da comunidade, do apoio mútuo e da convivência.	Excesso de defesa: medo de se abrir pode criar barreiras que impedem conexões autênticas com os outros.
Estabilidade emocional: inspira segurança interior e constância diante das mudanças externas.	Medo do novo: tendência a evitar experiências desconhecidas por receio de perder a segurança construída.

117. MINHOCA

Medicina	Sombra
Regeneração e cura: simboliza o poder de renovação física, emocional e espiritual, especialmente em processos de restauração e cura profunda.	Negligência interna: pode indicar áreas emocionais ou comportamentais que estão sendo ignoradas ou reprimidas.
Conexão com a terra: representa a importância de estar enraizado, em harmonia com os ciclos da natureza e do corpo.	Evitação do confronto: tendência a enterrar emoções ou problemas, adiando o enfrentamento de questões importantes.
Trabalho invisível e persistente: ensina sobre esforço constante e silencioso, fertilizando futuros frutos mesmo sem reconhecimento imediato.	Sensação de invisibilidade: pode refletir baixa autoestima ou sentimento de ser desvalorizado ou invisível para os outros.
Transformação e humildade: inspira a transformação discreta, aceitação do ciclo vida-morte-renascimento e a humildade no processo de crescimento.	Estagnação: quando desconectada de sua função, pode indicar passividade excessiva ou apego ao conforto da repetição.

118. MORCEGO

Medicina	Sombra
Iniciação e renascimento: simboliza o fim de ciclos antigos e o nascimento de novas fases, promovendo profunda transformação interior.	Medo do desconhecido: pode refletir resistência à mudança, medo do novo ou de abandonar velhos padrões.
Poderes psíquicos e visão na escuridão: desenvolve a intuição, a escuta interior e a capacidade de navegar por situações confusas ou desafiadoras.	Evasão de verdades internas: indica que partes ocultas da psique estão sendo evitadas ou reprimidas.
Conexão com o mundo invisível: traz sabedoria espiritual, sensibilidade energética e a habilidade de perceber o que está além das aparências.	Sensação de estar perdido: pode representar desorientação, confusão existencial ou dificuldade de confiar em si mesmo.
Flexibilidade e adaptação: ensina a mover-se com leveza na escuridão, adaptando-se com coragem às transformações da vida.	Paralisia pelo medo: alerta para momentos em que o medo impede o avanço e bloqueia o crescimento pessoal.

119. NARVAL

Medicina	Sombra
Exploração das emoções profundas: ensina a mergulhar com coragem no inconsciente, promovendo autoconhecimento e cura emocional.	Afundar-se nas emoções: pode indicar tendência à melancolia, à depressão ou à dificuldade de emergir de estados emocionais densos.
Busca da verdade interior: simboliza a jornada espiritual para descobrir a autenticidade e a essência do ser.	Fuga da realidade: alerta para o risco de se refugiar em fantasias ou ilusões, evitando lidar com o que é concreto.

Medicina	Sombra
Intuição aguçada: representa a conexão com a sabedoria interior e a sensibilidade psíquica refinada.	Desconexão interpessoal: dificuldade em estabelecer vínculos ou se comunicar emocionalmente com clareza e presença.
Força tranquila em meio ao caos: ensina a navegar por águas turbulentas com serenidade e confiança.	Isolamento emocional: tendência a se fechar em si mesmo, impedindo trocas afetivas e o apoio mútuo.

120. NAJA

Medicina	Sombra
Transformação e renovação: símbolo de mudança profunda e renascimento espiritual. Inspira coragem para enfrentar transições desafiadoras.	Toxicidade emocional: pode indicar acúmulo de ressentimentos, raiva reprimida ou medo que paralisam e intoxicam a vida interior.
Ascensão espiritual: associada à energia Kundalini, representa o despertar da consciência e a elevação espiritual.	Autossabotagem: padrões destrutivos repetitivos e comportamento autoinfligido que bloqueiam o crescimento e a cura.
Poder pessoal e domínio dos instintos: conecta-se à imagem de Shiva, simbolizando o controle dos desejos e o equilíbrio entre força e sabedoria.	Uso destrutivo do poder: pode sinalizar manipulação, dominação ou agressividade defensiva como mecanismo de proteção.
Sabedoria ancestral: guardiã dos mistérios espirituais e do conhecimento oculto. Inspira mergulho interior para alcançar a cura.	Medo de encarar a própria sombra: tendência a evitar confrontos internos com emoções ou verdades desconfortáveis.

121. ONÇA-PINTADA OU JAGUAR

Medicina	Sombra
Representa força interior, coragem e poder pessoal.	Agressividade reprimida ou mal direcionada; explosões de raiva.
Espírito guerreiro e protetor nas tradições indígenas das Américas.	Desejo de controle, manipulação ou dominação sobre os outros.
Mestre da intuição, dos mistérios e da exploração do inconsciente.	Medo de encarar as próprias sombras; evasão de verdades internas.
Simboliza transformação, morte simbólica e renascimento.	Dificuldade em lidar com mudanças profundas e processos de transição.
Conexão com o mundo espiritual e com a força vital da natureza.	Uso destrutivo da força pessoal; desequilíbrio entre instinto e razão.

122. ORANGOTANGO

Medicina	Sombra
Sabedoria ancestral: representa a conexão com os antigos e a transmissão de conhecimentos profundos, acessados por meio da contemplação e da escuta interior.	Isolamento excessivo: tendência a evitar vínculos sociais e permanecer em reclusão mesmo quando o contato com os outros seria benéfico.
Introspecção e contemplação: inspira o mergulho interior, a reflexão e a pausa consciente para compreender a própria jornada de vida.	Desconexão espiritual: sensação de vazio, perda de sentido ou afastamento dos próprios valores e da espiritualidade pessoal.
Respeito à natureza: ensina a observar e aprender com os ciclos naturais, cultivando um vínculo profundo com o mundo ao redor.	Rigidez mental: dificuldade em se abrir para o novo, resistência à mudança e apego a padrões ultrapassados.

Medicina	Sombra
Criatividade e engenhosidade: promove soluções criativas e adaptabilidade diante dos desafios.	Estagnação e procrastinação: falta de motivação, tendência à inércia e à autossabotagem por medo ou comodismo.
Equilíbrio entre solitude e comunidade: valoriza tanto o recolhimento quanto os laços afetivos e colaborativos.	Evitação de responsabilidades: negligência das próprias metas ou deveres em nome de um conforto ilusório.

123. OSTRA

Medicina	Sombra
Transformação: simboliza a capacidade de transformar experiências difíceis em algo valioso, como a pérola que nasce da irritação.	Isolamento emocional: tendência a se fechar diante de ameaças ou dores, impedindo conexões genuínas e crescimento pessoal.
Proteção e autodefesa: ensina a construir uma estrutura interna sólida para proteger nossa energia e bem-estar.	Rigidez e inflexibilidade: dificuldade de se adaptar a novas situações, apego a padrões antigos que limitam a evolução.
Paciência e resiliência: lembra que o tempo é um aliado na maturação dos processos internos e na superação dos desafios.	Resistência à transformação: incapacidade ou recusa em transmutar as experiências negativas em aprendizado e beleza interior.
Fertilidade e criatividade: estimula a criação de algo belo a partir do interior, cultivando ideias e dons únicos.	Amargura ou ressentimento: tendência a carregar mágoas não resolvidas, sem transformá-las em sabedoria ou crescimento.
Autoconhecimento e valor interior: convida à introspecção para reconhecer e expressar a própria beleza e autenticidade.	Medo da vulnerabilidade: excesso de preocupação; dificuldade em transformar dores em aprendizado.

124. ORNITORRINCO

Medicina	Sombra
Adaptação e flexibilidade: ensina a nos ajustarmos com leveza a ambientes e contextos diferentes, integrando múltiplas dimensões do ser.	Fragmentação interna: dificuldade em integrar aspectos contrastantes da personalidade, gerando confusão ou insegurança sobre quem se é.
Intuição aguçada: com seu bico sensível, nos inspira a confiar na percepção sutil para navegar por emoções, decisões e relações.	Negação de aspectos próprios: rejeição de partes consideradas "estranhas" ou fora do padrão, gerando sentimento de inadequação.
Singularidade e criatividade: encoraja a expressar nossa originalidade sem medo de ser diferente; celebra o inusitado.	Conflito interno com a identidade: a sensação de não pertencer ou de não se encaixar pode gerar isolamento ou autossabotagem.
Harmonia com os elementos: símbolo de equilíbrio entre terra e água, matéria e emoção, razão e sensibilidade.	Fuga da realidade: tendência a se refugiar no mundo interno ou no mistério, evitando lidar com situações concretas.
Exploração e mistério: guia na jornada espiritual rumo ao desconhecido interior, incentivando a curiosidade e o autoconhecimento.	Medo de se mostrar: por se sentir "diferente demais", pode ter dificuldade em aceitar a própria singularidade e integrar partes internas consideradas estranhas ou inadequadas.

125. OURIÇO

Medicina	Sombra
Autoproteção e discernimento: ensina a criar e manter limites saudáveis, protegendo-se de energias e influências nocivas.	Defensividade excessiva: tendência a se fechar emocionalmente, evitando conexões profundas e afastando-se do convívio afetivo.

Medicina	Sombra
Renovação e regeneração: ao trocar de espinhos, simboliza a capacidade de se transformar, deixar para trás o que já não serve e se renovar.	Resistência à mudança: medo do desconhecido pode impedir a transformação pessoal, levando à repetição de padrões estagnados.
Sensibilidade e percepção aguçada: inspira a confiar na intuição e nas impressões sutis, desenvolvendo atenção e consciência refinada.	Hipervigilância: percepção exacerbada de ameaças, gerando ansiedade ou desconfiança constante em relação aos outros.
Autoconservação: ensina o valor do recolhimento quando necessário, resguardando energia e evitando o desgaste desnecessário.	Isolamento autoimposto: recusa de se abrir por medo de se ferir, podendo levar à solidão e ao distanciamento emocional.

126. OVELHA

Medicina	Sombra
Humildade e gentileza: ensina a cultivar a empatia, a compaixão e o cuidado com os outros.	Conformismo: tendência a seguir a multidão sem questionar, perdendo autenticidade e senso de identidade.
Espírito comunitário: simboliza o apoio mútuo, a interdependência e o valor da união.	Passividade excessiva: dificuldade em afirmar-se ou em tomar decisões autônomas, esperando que outros decidam por si.
Simplicidade e gratidão: lembra a importância de valorizar o essencial e de encontrar alegria nas pequenas coisas da vida.	Vulnerabilidade exagerada: pode indicar predisposição a ser manipulado ou submisso em relações desequilibradas.
Inocência e pureza: inspira a manter o coração aberto e a mente livre de julgamentos, buscando a paz e a harmonia.	Falta de discernimento: dificuldade em reconhecer o que é benéfico ou prejudicial, especialmente em ambientes influenciadores.

127. PACA

Medicina	Sombra
Discrição e cautela: ensina a agir com reserva, evitando exposição desnecessária e mantendo-se atento ao ambiente.	Timidez excessiva: dificuldade de se expressar ou se posicionar, evitando conflitos e desafios.
Alerta e vigilância: simboliza a importância de manter os sentidos atentos para evitar perigos e más influências.	Fuga de situações difíceis: tendência a evitar enfrentamentos necessários, postergando decisões ou ações importantes.
Criatividade prática: inspira a encontrar soluções engenhosas e eficientes diante de obstáculos.	Falta de flexibilidade: dificuldade em pensar fora dos padrões usuais, gerando estagnação diante de desafios.
Autoproteção e preservação: ensina a valorizar a segurança pessoal e de quem se ama, criando barreiras saudáveis.	Desconfiança ou isolamento: tendência a se afastar dos outros por medo, criando barreiras emocionais que impedem conexões profundas.

128. PANTERA

Medicina	Sombra
Coragem e superação de medos: inspira a encarar as próprias sombras e a enfrentar desafios com força interior.	Impulsividade e reatividade: agir sem reflexão, dominado por emoções intensas.
Sensualidade e poder pessoal: desperta a conexão com a energia vital e sexual de forma saudável e transformadora.	Sedução manipuladora: uso da sensualidade como forma de controle ou dominação emocional.
Proteção, disciplina e instinto: ensina a marcar limites claros e a proteger seu espaço emocional e espiritual.	Dominação e abuso de poder: uso do próprio magnetismo ou força interior para manipular ou subjugar os outros.

Medicina	Sombra
Intuição e habilidades psíquicas: favorece o desenvolvimento da clarividência, clariaudiência e sabedoria interior.	Repressão de aspectos sombrios: medo de confrontar os próprios impulsos, paixões e instintos profundos.
Renascimento e transformação: ligada ao ciclo da morte simbólica e renascimento, especialmente nos aspectos emocionais.	Fuga da vulnerabilidade: recusa em demonstrar fragilidade, mantendo-se sempre no controle ou na defensiva.

129. PATO

Medicina	Sombra
Conexão emocional e intuição: representa a fluidez emocional, a escuta interna e o conforto que vem da introspecção.	Dependência emocional: tendência a buscar afeto ou validação externa em excesso, dificultando a autonomia emocional.
Autocuidado e nutrição: ensina a importância de cuidar de si e dos outros com carinho, ternura e atenção às necessidades emocionais.	Excesso de proteção: comportamento superprotetor ou controlador que impede o crescimento próprio ou alheio.
Versatilidade e adaptabilidade: simboliza a capacidade de transitar com leveza por diferentes situações e ambientes.	Oscilação emocional: dificuldade em manter o equilíbrio diante de emoções intensas ou ambientes instáveis.
Graça ao lidar com mudanças: inspira a manter a calma e o equilíbrio mesmo diante de turbulências emocionais.	Apego ao conforto: tendência a evitar confrontos ou mudanças por medo de sair da zona de segurança emocional.
Conexão com a Lua e o inconsciente: facilita o acesso ao mundo interior e à sabedoria intuitiva, especialmente em momentos de transição.	Fuga da realidade emocional: comportamento evasivo diante de sentimentos difíceis, negligenciando o autoconhecimento.

130. PAPAGAIO

Medicina	Sombra
Medicina do arco-íris: conexão com as cores, a luz solar e os rituais de cura através da cromoterapia e da energia vibrante das cores.	Superficialidade nas relações: tendência a interações sociais rasas, buscando agradar sem autenticidade.
Comunicação clara e expressiva: auxilia na oratória, ensino, apresentações e expressão verbal criativa.	Problemas de comunicação: tagarelice, fofoca ou dificuldade em ouvir verdadeiramente o outro.
Sociabilidade e diplomacia: promove harmonia em grupos e ambientes, incentivando a convivência pacífica.	Falta de escuta ativa: tendência a falar mais do que ouvir, causando mal-entendidos ou ruídos na comunicação.
Expressão criativa e alegre: inspira leveza, humor e espontaneidade nas trocas interpessoais.	Falta de autenticidade: mascarar a verdade ou dizer o que os outros querem ouvir, perdendo o contato com a própria essência.
Ponte entre mundos: representa a ligação entre o reino dos pássaros e os humanos, simbolizando o poder da palavra como elo espiritual.	Dispersão e distração: dificuldade de manter o foco nas mensagens ou intenções, causando confusão ou desatenção.

131. PAVÃO

Medicina	Sombra
Proteção psíquica e espiritualidade: promove serenidade, paz mental e conexão com a divindade interior.	Vaidade e ostentação: foco excessivo na aparência e necessidade de validação externa.
Autoestima e confiança: inspira orgulho saudável, autoexpressão e valorização da própria beleza.	Exibição superficial: comportamento chamativo ou performático sem base interior sólida.
Sensualidade e graça: favorece movimentos suaves, danças cerimoniais e expressão corporal.	Dependência da imagem: uso da beleza como máscara para encobrir inseguranças profundas.

Medicina	Sombra
Celebrar a vida: convida à alegria, exuberância e à apreciação da beleza ao redor e dentro de si.	Orgulho desmedido: risco de arrogância ou dificuldade em reconhecer vulnerabilidades.
Conexão com o amor divino: representa a graça espiritual, a expansão da consciência e o amor devocional (especialmente ligado a Krishna na tradição hindu).	Desalinhamento entre aparência e essência: contraste entre a imagem projetada e a verdade interior.

132. PELICANO

Medicina	Sombra
Reconstrução e superação: ensina a encontrar soluções mesmo quando tudo parece perdido, com resiliência e força emocional.	Sacrifício excessivo: tendência a se doar em demasia, negligenciando as próprias necessidades e limites.
Generosidade e altruísmo: simboliza o cuidado com os outros, especialmente com os mais frágeis, promovendo o bem comum.	Esgotamento emocional: esvaziamento resultante de cuidar dos outros sem reservar tempo ou energia para si.
Abundância pelo compartilhamento: lembra que o fluxo da vida se fortalece ao dar e receber com equilíbrio.	Desequilíbrio entre dar e receber: dificuldade em aceitar ajuda ou reconhecer os próprios limites.
Comprometimento com o bem maior: inspira ações guiadas pela compaixão, pelo serviço e pela empatia verdadeira.	Negação de si: autonegligência disfarçada de bondade, levando à perda de identidade ou de propósito próprio.
Fluidez emocional e controle do ego: ajuda a navegar as emoções sem se afogar nelas, cultivando humildade e compaixão.	Autossacrifício como fuga: usar o serviço aos outros para evitar olhar para si mesmo ou confrontar emoções internas.

133. PERIQUITO

Medicina	Sombra
Alegria e entusiasmo: traz leveza, espontaneidade e celebração da vida cotidiana.	Falta de alegria: tendência ao pessimismo ou dificuldade de encontrar beleza nas pequenas coisas.
Sociabilidade e convivência harmoniosa: favorece a conexão positiva com grupos e comunidades.	Isolamento social: dificuldade em se conectar ou confiar nos outros, afastamento emocional.
Comunicação leve e afetuosa: expressão verbal clara, positiva e encorajadora.	Tagarelice ou fofoca: fala excessiva sem propósito, que pode gerar conflitos ou mal-entendidos.
Capacidade de adaptação: ajusta-se bem a novos ambientes, mantendo a vivacidade.	Dependência relacional: busca constante por aprovação ou companhia, sem conexão profunda.
Expressão espontânea e vibrante: estimula a criatividade, a música e a leveza nas interações.	Falta de clareza: comunicação ambígua ou dispersa, que dificulta o entendimento real.

134. PERU

Medicina	Sombra
Gratidão e abundância: ensina a reconhecer e valorizar as bênçãos da vida, materiais e afetivas.	Vaidade e ostentação: busca exagerada por atenção ou reconhecimento superficial.
Generosidade e partilha: inspira a doação sincera, o cuidado com os outros e o espírito de comunidade.	Desejo de validação externa: agir ou se expressar apenas para agradar ou impressionar os outros.
Conexão com a terra: fortalece o vínculo com a natureza e os ciclos naturais da vida.	Falta de discernimento: expressão impulsiva ou mal colocada de sentimentos e opiniões.

Medicina	Sombra
Purificação e renovação: uso simbólico de penas para limpar energias e elevar intenções espirituais.	Exibicionismo emocional ou espiritual: expressão desequilibrada da própria luz, sem profundidade.
Celebração da vida e dos ciclos: convida à reverência pelos ritmos naturais e à celebração das dádivas.	Desconexão com a essência: foco excessivo nas aparências em detrimento da autenticidade.

135. PEIXES

Medicina	Sombra
Espiritualidade e mediunidade: conexão com o invisível, os mistérios, a intuição e os estados psíquicos profundos.	Afogamento emocional: confusão, fuga da realidade ou excesso de sensibilidade.
Fluidez emocional: habilidade de navegar pelas águas internas da emoção com graça, aceitação e adaptabilidade.	Passividade: tendência a se deixar levar sem direção própria, evitando agir ou decidir.
Sabedoria ancestral e força interior: exemplificada por peixes como o pirarucu (sabedoria), salmão (perseverança e coragem), e esturjão (profundidade e sexualidade).	Fuga ou ilusão: dificuldade em lidar com a realidade concreta, tendência a se perder em devaneios ou mundos internos.
Transformação e cura emocional: simbolizam os processos de purificação interior, emocional e espiritual.	Desconexão da razão: perda do discernimento ao ser guiado apenas pelas emoções ou influências inconscientes.
Prosperidade e sorte: especialmente em representações como o peixe-dourado, que traz fortuna e alegria.	Inércia emocional: estagnação, medo de enfrentar conflitos ou de agir com firmeza.

136. PICA-PAU

Medicina	Sombra
Limpeza e renovação: ajuda a remover energias estagnadas, hábitos antigos e padrões limitantes, abrindo espaço para o novo.	Obstinação e rigidez: insistência cega em um objetivo ou caminho, mesmo quando este já não é benéfico, levando à frustração ou desgaste.
Ritmo e adaptação: ensina a sintonizar-se com o ritmo natural da vida, respeitando os ciclos e as mudanças.	Descompasso e impaciência: dificuldade em ajustar o próprio ritmo às situações, levando à ansiedade ou à desorganização emocional.
Amor incondicional e cura: promove a cura emocional por meio do amor-próprio e da aceitação dos outros.	Agressividade ou reatividade: tendência a agir impulsivamente, ferindo a si mesmo ou os outros por falta de escuta ou empatia.
Criatividade e expressão pessoal: inspira a descoberta e desenvolvimento dos talentos naturais, incentivando a criatividade.	Foco excessivo em um único aspecto da vida: desequilíbrio entre áreas da vida, negligenciando necessidades emocionais ou relacionais.
Conexão com os ritmos da Terra: ajuda a escutar os sinais sutis da natureza e a agir com sabedoria e sincronicidade.	Resistência à mudança: apego ao conhecido ou repetição de padrões que já não servem mais, dificultando a regeneração interior.

137. PINGUIM

Medicina	Sombra
Vida em comunidade: ensina sobre apoio mútuo, convivência harmoniosa e cooperação em grupo.	Conformismo social: tendência a se anular ou perder a individualidade para se encaixar nas normas do grupo.
Fidelidade e lealdade nos relacionamentos: símbolo de vínculos duradouros e afeto verdadeiro.	Dependência emocional: dificuldade em manter autonomia dentro das relações, tornando-se excessivamente ligado ao outro.

Medicina	Sombra
Adaptação ao novo: habilidade de enfrentar mudanças e situações adversas com resiliência e flexibilidade.	Dificuldade de adaptação: resistência a novas experiências ou ambientes, apego a rotinas e zonas de conforto.
Sociabilidade e conexão emocional: promove relações significativas e interações de qualidade.	Desequilíbrio entre o coletivo e o individual: negligência das próprias necessidades ao priorizar o grupo ou a família.
Integração do feminino e da paternidade consciente: ensina sobre o cuidado, a ternura e o envolvimento emocional com a família.	Negação da sensibilidade: recusa em reconhecer e expressar o lado afetivo ou vulnerável, especialmente em figuras masculinas.

138. PORCO

Medicina	Sombra
Abundância e fertilidade: simboliza prosperidade, multiplicação e o desfrute dos frutos da terra.	Indulgência e excessos: tendência a buscar gratificação imediata, negligenciando limites saudáveis.
Determinação e força interior: ensina a persistir diante dos obstáculos, com foco e resiliência.	Preguiça ou comodismo: dificuldade em agir ou se motivar, preferindo zonas de conforto.
Conexão com a terra: simboliza o enraizamento e a importância de viver de forma simples e natural.	Ganância ou avareza: busca excessiva por acúmulo material ou prazer, em detrimento do equilíbrio.
Celebração da vida: valoriza os prazeres simples, o contentamento e a gratidão pelas pequenas coisas.	Negligência com a saúde: descuido com o bem-estar físico ou emocional por falta de moderação ou autocuidado.
Simplicidade e autenticidade: inspira uma vida mais genuína e descomplicada, com conexão com o corpo e os ciclos naturais.	Desconexão espiritual: foco exclusivo no material ou sensorial, esquecendo a dimensão espiritual da existência.

139. PORCO-ESPINHO

Medicina	Sombra
Fé e inocência: conecta com a criança interior, com a alegria genuína e a confiança na vida.	Isolamento excessivo: medo de se ferir pode levar ao fechamento emocional e relacional.
Proteção pela não-ação: ensina que a defesa pode ser passiva e silenciosa, sem agressividade.	Rigidez e resistência à mudança: apego à zona de conforto e dificuldade em acolher o novo.
Boa memória e inteligência natural: desenvolve clareza, inspiração e discernimento.	Desconfiança crônica: tendência a esperar sempre o pior, criando barreiras contra o afeto.
Expressão autêntica: favorece a criatividade espontânea e a autoexpressão sem máscaras.	Fuga de experiências: recusa a sair da concha protetora mesmo quando a vida exige presença.
Humildade e simplicidade: valoriza o essencial e a beleza do ser natural.	Autoproteção exagerada: uso constante das "espinhas" como defesa, dificultando conexões profundas.

140. PUMA/LEÃO DA MONTANHA

Medicina	Sombra
Liderança e autonomia: ensina a assumir responsabilidades e seguir com coragem o próprio caminho, mesmo na solidão.	Dominação e controle: tendência a comportamentos autoritários ou controladores nas relações interpessoais.
Mistério e psiquismo: conexão com outros reinos, desenvolvimento da intuição e poderes psíquicos.	Arrogância e agressividade: uso distorcido da força e da liderança para impor a própria vontade.
Força, graça e iniciativa: capacidade de agir com precisão e superação de obstáculos com leveza e determinação.	Fuga e evitação: medo de assumir a liderança ou encarar desafios, levando ao isolamento ou passividade.
Silêncio e introspecção: poder do silêncio como ferramenta de escuta interior e sabedoria.	Dificuldade de equilíbrio: desafio em integrar coragem com compaixão, podendo bloquear relações autênticas.

141. PIRANHA

Medicina	Sombra
Liderança silenciosa: ensina a guiar com presença, confiança e respeito, sem necessidade de impor ou dominar.	Arrogância e autoritarismo: tendência a impor sua vontade sobre os outros ou agir de forma controladora.
Força interior e coragem solitária: capacidade de seguir o próprio caminho mesmo em solidão, com dignidade e firmeza.	Medo da responsabilidade: evita assumir liderança ou decisões importantes por insegurança ou comodismo.
Poder psíquico e intuição profunda: conecta com reinos sutis e desenvolve habilidades mediúnicas e percepção extrassensorial.	Isolamento emocional: dificuldade em criar vínculos, tendência a afastar os outros por orgulho ou autossuficiência exagerada.
Graça, velocidade e iniciativa: age com precisão, foco e elegância, superando desafios com agilidade.	Fuga ou evasão de conflitos: pode se esconder ou evitar confrontos e responsabilidades difíceis.
Autodomínio e mistério: ensina o poder do silêncio, da estratégia e da introspecção para conquistar metas com sabedoria.	Desconexão do grupo: nega a importância da cooperação, preferindo agir sempre só, mesmo quando o apoio seria benéfico.

142. POLVO

Medicina	Sombra
Adaptabilidade e criatividade: inspira flexibilidade diante de mudanças e soluções inovadoras para desafios.	Manipulação e dissimulação: tendência a esconder intenções ou manipular situações por medo ou controle.
Sabedoria e inteligência: estimula a busca por conhecimento, expansão da mente e aprendizado contínuo.	Fuga da vulnerabilidade: evita envolvimento emocional profundo, preferindo relações superficiais.

Medicina	Sombra
Expressão original: encoraja a pensar fora dos padrões e a explorar formas únicas de ser e agir.	Evasão de confrontos: preferência por se camuflar ou se esconder ao invés de lidar com problemas diretamente.
Mistério e magia: conecta com o invisível, a intuição e os mistérios do inconsciente.	Isolamento emocional: tendência a se fechar em seu mundo interior, dificultando conexões genuínas.
Autonomia e proteção: ensina o valor do recolhimento consciente e da autodefesa energética.	Medo de se mostrar: dificuldade de ser autêntico ou de revelar a verdadeira essência diante do outro.

143. QUATI

Medicina	Sombra
Sociabilidade: ensina o valor do convívio harmonioso e da construção de laços com o grupo.	Superficialidade nas relações: tendência a se envolver sem profundidade ou comprometimento.
Curiosidade e mente aberta: estimula a busca por novas experiências e aprendizados constantes.	Intromissão: inclinação a ultrapassar limites e se envolver em assuntos alheios sem convite.
Adaptação e criatividade: desenvolve a agilidade para lidar com situações imprevistas de forma inovadora.	Dispersão e falta de foco: dificuldade em manter a atenção, concluir tarefas ou projetos.
Agilidade mental: favorece a resolução criativa de problemas e a flexibilidade de pensamento.	Inconstância: instabilidade nas ações e escolhas, dificultando o progresso contínuo.

144. RÃ

Medicina	Sombra
Limpeza e purificação: auxilia na desintoxicação física, emocional e energética.	Sensibilidade excessiva: pode levar à instabilidade emocional ou ao retraimento.
Transformação e renovação: simboliza a capacidade de mudar, crescer e se adaptar continuamente.	Fuga de desafios: tendência a evitar confrontos ou situações desconfortáveis.
Conexão com as emoções e intuição: ensina a ouvir os sentimentos e confiar na sabedoria interior.	Resistência à mudança: dificuldade em sair da zona de conforto ou aceitar novos ciclos.
Adaptação a diferentes ambientes: representa flexibilidade e versatilidade frente às mudanças.	Medos profundos não resolvidos: sombras emocionais que pedem reconhecimento e cura.
Sabedoria ancestral (ex: uso do kambô): ligação com práticas indígenas de cura e medicina natural.	

145. RAPOSA

Medicina	Sombra
Astúcia, inteligência prática: capacidade de pensar rápido e agir com estratégia.	Manipulação: tendência a usar a inteligência para enganar ou tirar vantagem dos outros.
Sutileza e discrição: habilidade de passar despercebido e evitar conflitos desnecessários.	Astúcia exagerada: pode se tornar oportunismo, dissimulação ou egoísmo.
Adaptabilidade e versatilidade: ajusta-se a diferentes ambientes e circunstâncias com facilidade.	Falta de compromisso: dificuldade em manter vínculos ou agir com responsabilidade.

Medicina	Sombra
Observação aguçada e sensorialidade: percepção apurada do ambiente, escuta ativa, intuição refinada.	Evasividade: tendência a fugir de confrontos ou responsabilidades diretas.
Harmonia com a natureza: ensina a viver em sintonia com os ciclos e ritmos naturais.	

146. RINOCERONTE

Medicina	Sombra
Sabedoria ancestral: conexão com tradições antigas, espiritualidade e ensinamentos transmitidos pelos ancestrais.	Rigidez mental ou emocional: dificuldade em aceitar novas ideias ou pontos de vista.
Força, resistência e estabilidade: capacidade de enfrentar adversidades com paciência e firmeza.	Teimosia excessiva: tendência a insistir em algo mesmo quando já não é benéfico.
Conexão com a terra: vínculo profundo com a natureza, busca de enraizamento e equilíbrio interior.	Resistência à mudança: dificuldade em se adaptar a novas situações, preferindo zonas de conforto.
Paz interior e serenidade: inspira equilíbrio espiritual, longevidade e satisfação com a vida.	Isolamento: fechamento emocional, desconexão do entorno e relutância em formar novos vínculos.
Alianças e trocas justas: favorece relações baseadas em confiança, serviço mútuo e respeito.	

147. ROUXINOL

Medicina	Sombra
Alegria e inspiração: símbolo de esperança e beleza que eleva os espíritos por meio do canto.	Melancolia e saudade: tendência à nostalgia e à tristeza profunda, especialmente em momentos de solidão.
Expressão autêntica: incentiva a encontrar e usar a própria voz de forma verdadeira e criativa.	Dificuldade de comunicação: sensação de não ser ouvido ou valorizado, levando à repressão emocional.
Criatividade e sensibilidade: promove a expressão emocional por meio da arte e da música.	Manipulação emocional: uso da sensibilidade ou da expressão afetiva como forma de sedução ou controle.
Beleza nas pequenas coisas: capacidade de enxergar luz mesmo em contextos simples ou desafiadores.	

148. SALMÃO

Medicina	Sombra
Determinação e resistência: simboliza a perseverança para seguir adiante, mesmo contra a corrente, superando obstáculos com coragem.	Resistência excessiva à mudança: tendência a se prender a padrões antigos que já não servem mais.
Sabedoria ancestral: conexão com conhecimentos profundos, intuição e confiança no próprio caminho.	Rigidez e inflexibilidade: dificuldade em se adaptar às transformações da vida.
Fluir com propósito: ensina a confiar no próprio ritmo e na direção interna da jornada.	Falta de adaptação: resistência em abandonar o controle e permitir-se crescer em novas direções.

149. SAPO

Medicina	Sombra
Transformação e evolução espiritual: representa a capacidade de passar por mudanças profundas, renascendo mais forte e consciente.	Estagnação e passividade: tendência a evitar mudanças ou permanecer confortável na zona de segurança.
Fertilidade e amor: símbolo de novos começos, romance e abundância emocional.	Medo da transformação: resistência às fases desafiadoras que precedem o crescimento verdadeiro.
Purificação e limpeza energética: ajuda a expulsar energias negativas e trazer clareza mental e espiritual.	Conformismo espiritual: negligência da jornada interior ou da busca pela cura, por medo ou acomodação.
Cura e renovação: associado ao poder de curar o corpo e o espírito, especialmente por meio do som e da intenção.	Fuga de desafios: evitar confrontar dificuldades internas ou externas que exigem ação e renovação.

150. SURICATO

Medicina	Sombra
Cooperação e vida em comunidade: simboliza o trabalho em equipe, a solidariedade e o senso de responsabilidade compartilhada.	Ansiedade e hipervigilância: tendência a estar constantemente em alerta, gerando estresse e dificuldade de relaxar.
Proteção mútua: ensina a cuidar dos outros e a construir redes de apoio e segurança emocional.	Isolamento em grupos fechados: dificuldade de aceitar o diferente ou acolher a diversidade fora do grupo habitual.
Observação e inteligência: incentiva o desenvolvimento de habilidades cognitivas e a capacidade de perceber o ambiente com atenção.	Preocupação excessiva com ameaças: tendência a imaginar perigos inexistentes ou exagerar riscos.

Medicina	Sombra
Curiosidade e adaptabilidade: motiva a busca por conhecimento e a abertura a novas experiências.	Controle social: possível tendência a controlar o comportamento do grupo com base no medo ou na vigilância constante.

151. TAMANDUÁ

Medicina	Sombra
Busca espiritual e introspecção: o tamanduá-bandeira ensina a mergulhar profundamente em si mesmo em busca de autoconhecimento e respostas interiores.	Isolamento emocional: sua natureza solitária pode refletir dificuldade em se conectar afetivamente com os outros.
Paciência e persistência: simboliza a importância de confiar no tempo e manter-se focado no propósito, mesmo em processos lentos.	Teimosia e inflexibilidade: a determinação pode se tornar rigidez mental ou relutância em aceitar mudanças.
Eficiência e adaptabilidade: especialmente com o tamanduá-mirim, inspira a encontrar soluções práticas e agir com leveza diante de desafios.	Fuga do convívio social: tendência a evitar interações ou se esconder como forma de autoproteção.
Capacidade de ir ao essencial: ensina a filtrar o que realmente importa e buscar o "alimento" (sabedoria, verdade) escondido nas profundezas.	Foco excessivo e retraimento: pode indicar uma concentração exagerada em questões internas, negligenciando o entorno.

152. TATU

Medicina	Sombra
Proteção emocional: ensina a construir limites saudáveis e a se proteger de energias negativas.	Isolamento excessivo: tendência a se fechar demais, dificultando conexões e abertura emocional.
Determinação e resiliência: simboliza a força interior necessária para enfrentar obstáculos e persistir.	Rigidez emocional: resistência ao fluxo das emoções, dificultando a flexibilidade nas relações.
Autodefesa intuitiva: mostra como se proteger sem atacar, apenas confiando na própria armadura natural.	Defensividade constante: comportamento excessivamente reativo ou desconfiado diante de críticas e mudanças.
Capacidade de introspecção: evoca o recolhimento necessário para ouvir a si mesmo e encontrar estabilidade interna.	Fuga da vulnerabilidade: evitar situações transformadoras por medo de se ferir ou se expor.
Força silenciosa: o tatu atua com discrição e eficácia, mostrando como avançar mesmo sem chamar atenção.	Estagnação: recusa em sair da zona de conforto ou assumir riscos que poderiam promover crescimento.

153. TATU-BOLA (TATUÍ)

Medicina	Sombra
Introspecção: ensina a importância do recolhimento consciente e do autoconhecimento profundo.	Isolamento extremo: tendência a se fechar completamente ao mundo e às relações, por medo ou insegurança.
Proteção energética: habilidade de se fechar quando necessário para preservar a própria energia e bem-estar.	Timidez excessiva: dificuldade em se expressar ou se colocar, impedindo trocas e conexões significativas.

Medicina	Sombra
Adaptação sensível: ajusta-se ao ambiente com sabedoria e cautela, mantendo o equilíbrio interno.	Medo de exposição: evitação de riscos ou novas experiências por receio de se machucar emocionalmente.
Busca de segurança interior: mostra que o verdadeiro abrigo está dentro de nós mesmos.	Fuga da realidade: tendência a se refugiar em si mesmo e evitar responsabilidades ou confrontos necessários.
Flexibilidade emocional silenciosa: responde aos desafios com sutileza e proteção, sem confronto direto.	Fechamento afetivo: bloqueio à intimidade ou à vulnerabilidade, dificultando a construção de vínculos profundos.

154. TEXUGO

Medicina	Sombra
Persistência: ensina a continuar lutando por nossos objetivos com firmeza e coragem, mesmo diante de obstáculos.	Teimosia: apego excessivo a uma ideia ou meta, sem abertura para novas possibilidades.
Ousadia e iniciativa: energia que favorece dar o primeiro passo e agir com coragem diante de desafios.	Inflexibilidade: dificuldade em se adaptar ou ceder, mesmo quando a situação exige mudança de rota.
Busca interior profunda: capacidade de "cavar fundo" para encontrar respostas e sabedoria escondida.	Obstinação cega: seguir em frente a qualquer custo, mesmo que isso traga prejuízos ou conflitos desnecessários.
Autodefesa equilibrada: protege seu espaço e seus interesses sem recorrer à agressividade gratuita.	Conflitividade: tendência a entrar em embates por falta de flexibilidade ou excesso de defesa.
Energia para comunicação em público e alianças: facilita interações, forma parcerias e estimula relacionamentos diversos.	Dificuldade de colaboração: insistência em ter razão pode dificultar a harmonia em grupos e parcerias.

155. TIGRE

Medicina	Sombra
Preparação e estratégia: ensina a planejar com precisão e agir no momento certo.	Impulsividade: agir sem refletir pode gerar conflitos ou decisões precipitadas.
Iniciativa e persistência: favorece a tomada de decisões firmes e a perseverança diante de metas.	Agressividade descontrolada: tendência a reações explosivas, dominância ou autoritarismo.
Pausas conscientes: valoriza o tempo de reflexão e reavaliação antes da ação.	Falta de controle emocional: dificuldade em canalizar a força interna com equilíbrio.
Independência e autossuficiência: fortalece a confiança nas próprias habilidades e a autonomia.	Isolamento ou orgulho excessivo: recusa em aceitar ajuda ou colaborar com os outros.
Abertura para a diversidade: incentiva o respeito pelas diferenças e o aprendizado por meio das relações.	Dificuldade em ceder ou ouvir: pode bloquear o crescimento por não acolher outras perspectivas.

156. TOURO / BOI

Medicina	Sombra
Fertilidade e criação: favorece o nascimento de projetos, relações e ideias com base sólida.	Teimosia e rigidez: resistência à mudança, mesmo quando necessária.
Paixão e sexualidade: desperta a energia vital, o prazer e a conexão com o corpo.	Obstinação cega: foco excessivo nos objetivos, ignorando alertas e a necessidade de adaptação.
Poder e liderança: fortalece o espírito guerreiro, a coragem e a proteção do próprio território.	Dominação e autoritarismo: tendência a impor a própria vontade nos relacionamentos.

Medicina	Sombra
Estabilidade e segurança: promove enraizamento, estrutura e consistência emocional.	Apego ao material: busca de segurança exclusivamente no plano físico, em detrimento do espiritual.
Resiliência e persistência: ensina a seguir adiante com força interior, mesmo diante de obstáculos.	Materialismo excessivo: dificuldade de acessar dimensões sutis da vida e das relações.

157. TUBARÃO

Medicina	Sombra
Força e persistência: ensina a manter o foco e a determinação diante de obstáculos.	Agressividade e impulsividade: agir sem ponderar consequências pode causar conflitos e rupturas.
Intuição aguçada: desenvolve a percepção sutil e a capacidade de captar o ambiente ao redor.	Falta de empatia: pode se manifestar como frieza emocional ou desconsideração pelos sentimentos alheios.
Adaptação e flexibilidade: favorece a habilidade de navegar por mudanças e desafios com agilidade.	Rigidez: dificuldade em aceitar mudanças ou ideias diferentes das próprias.
Equilíbrio ecológico: representa o papel de manter a harmonia no ecossistema, inspirando a busca de um lugar útil no mundo.	Isolamento: tendência ao afastamento social ou à sensação de separação da comunidade.
Foco e clareza de propósito: orienta ações objetivas e alinhadas com metas bem definidas.	Medos reprimidos: aspectos emocionais não enfrentados que emergem como tensão ou desconexão interior.

158. TUCANO

Medicina	Sombra
Comunicação clara e vibrante: favorece a expressão autêntica, alegre e inspiradora.	Superficialidade na fala: dificuldade de acessar e expressar emoções profundas.
Expressão criativa: auxilia na conexão com a inspiração artística e espiritual.	Uso manipulador da linguagem: fofocas, mentiras ou distorções para obter vantagens.
Sabedoria ancestral: lembra da importância de ouvir os mais velhos e honrar os ciclos da vida.	Desequilíbrio na comunicação: tendência a falar demais ou sem considerar o impacto das palavras.
Alegria de viver: ajuda a cultivar entusiasmo, leveza e gratidão no cotidiano.	Falta de autenticidade: adotar máscaras sociais ou formas artificiais de se expressar.

159. URSO

Medicina	Sombra
Introspecção e cura: entrar na "caverna interior" para meditar, refletir e curar o corpo e a mente.	Isolamento excessivo: tendência a se fechar emocionalmente, evitando o convívio e a troca com o mundo.
Conexão com o subconsciente: favorece o autoconhecimento, a digestão de ideias e o acesso à sabedoria interna.	Fuga de responsabilidades: desejo de se esconder ou evitar enfrentamentos necessários para o crescimento.
Poder feminino e proteção maternal: representa o cuidado com os outros e consigo mesmo, com amor e firmeza.	Falta de expressão emocional: dificuldade em comunicar sentimentos e necessidades de forma clara e aberta.
Força, resiliência e independência: ensina a agir com coragem, persistência e preparo.	Rigidez emocional: resistência em sair da zona de conforto ou em se abrir a novas ideias e conexões.

160. URSO POLAR

Medicina	Sombra
Resistência e adaptação: ensina a sobreviver e prosperar em ambientes extremos e desafiadores.	Rigidez e resistência à mudança: dificuldade em aceitar o novo ou se adaptar a novas situações.
Calor interior e superação de adversidades: inspira coragem, firmeza e confiança mesmo em tempos difíceis.	Frieza emocional: tendência ao distanciamento afetivo e à dificuldade de criar vínculos mais íntimos.
Cura física e espiritual: guia em processos de autocuidado, superação de doenças e recuperação da saúde.	Comportamento defensivo ou agressivo: reações exageradas frente ao desconforto ou à vulnerabilidade.
Poder feminino profundo e equilíbrio interior: integra força, sensibilidade e conexão com o sagrado feminino.	Fuga do desconforto: evitação de experiências transformadoras por medo ou apego à zona de conforto.
Símbolo de preservação ambiental: representa a importância da consciência ecológica e do respeito à natureza.	

161. URUBU

Medicina	Sombra
Purificação e limpeza: transforma matéria em decomposição, evitando doenças e promovendo equilíbrio.	Apego ao passado: dificuldade em desapegar de experiências, emoções ou situações já encerradas.
Morte e renascimento: representa ciclos de transformação e a capacidade de renascer após crises.	Resistência à transformação: medo da mudança e tendência a se manter em padrões estagnados.

Medicina	Sombra
Transmutação de energia: converte energias negativas em positivas, como um alquimista natural.	Foco excessivo no negativo: olhar voltado apenas para perdas ou aspectos sombrios da vida.
Uso sábio da energia: desliza com as correntes de ar, ensinando economia de esforço e alinhamento com o fluxo da Terra.	Estagnação emocional: acúmulo de ressentimentos, mágoas ou pensamentos nocivos.
Visão superior: capacidade de observar a vida com perspectiva elevada, enxergando além do imediato.	

162. URUBU-REI

Medicina	Sombra
Purificação e transformação: recicla e renova, ensinando a liberar o que não serve mais para dar lugar ao novo.	Medo da morte e da perda: resistência em aceitar o fim de ciclos ou mudanças inevitáveis.
Aceitação dos ciclos naturais: representa a coragem de olhar para a morte como parte do processo de vida.	Confronto com o sombrio: dificuldade em lidar com aspectos obscuros da existência ou da própria psique.
Limpeza interior: purifica pensamentos e emoções, ajudando a transmutar energia estagnada.	Apego àquilo que já expirou: manter-se preso ao passado por medo de enfrentar o vazio da transformação.
Sabedoria ancestral: como rei dos abutres, representa um domínio sobre os processos de morte simbólica e renascimento.	Negação da impermanência: resistência à fluidez da vida e recusa em aceitar a transitoriedade das coisas.

163. VACA

Medicina	Sombra
Maternidade e nutrição: representa o cuidado, o acolhimento e o provimento generoso e constante.	Excesso de passividade: tendência a se acomodar ou evitar mudanças por conforto.
Fertilidade e abundância: evoca a capacidade de sustentar a vida com equilíbrio e generosidade.	Resistência à mudança: apego exagerado à rotina e ao conhecido, que pode limitar o crescimento.
Conexão com a terra: vive em harmonia com os ciclos naturais, lembrando-nos da importância da sustentabilidade.	Teimosia e conformismo: tendência a se contentar com o mínimo ou a evitar desafios que exigem expansão.
Paciência e persistência: ensina a digerir experiências com calma, promovendo estabilidade emocional.	Falta de discernimento: risco de nutrir hábitos ou escolhas que não são saudáveis ou construtivos.

164. VAGA-LUME

Medicina	Sombra
Luz interior e inspiração: simboliza a luz única que cada um possui, convidando à expressão autêntica e criativa.	Aspectos ocultos da personalidade: pensamentos e emoções reprimidos que precisam ser reconhecidos e integrados.
Criatividade e beleza noturna: ilumina a escuridão com brilho próprio, incentivando a expressão de ideias e talentos.	Intermitência da luz: pode simbolizar instabilidade emocional ou dificuldade de manter a motivação e o entusiasmo.
Magia, mistério e conexão com a natureza: evoca o encantamento pela vida e pela natureza, especialmente à noite.	Efemeridade da vida e da luz: recorda a transitoriedade de tudo, gerando insegurança ou medo de não deixar marca.

Medicina	Sombra
Transformação e renascimento: seu ciclo de vida representa as mudanças naturais e o poder da renovação.	Negligência da sombra: foco exclusivo na "luz" pode ocultar a necessidade de enfrentar as próprias sombras.

165. VICUNHA

Medicina	Sombra
Resistência e resiliência: capacidade de suportar condições adversas, especialmente emocionais e ambientais.	Resistência excessiva: dificuldade em se adaptar a mudanças ou aceitar novas ideias.
Superação do materialismo: simboliza a elevação dos valores espirituais sobre os desejos materiais.	Teimosia e rigidez: apego a padrões de comportamento ultrapassados ou crenças limitantes.
Consolo e empatia: habilidade de confortar e apoiar os outros em tempos difíceis.	Isolamento emocional: tendência a se distanciar afetivamente, dificultando conexões genuínas.
Capacidade de transpor barreiras: inspira coragem para ir além de limites físicos ou mentais.	Autossuficiência excessiva: medo de depender dos outros ou de demonstrar vulnerabilidade.

166. ZEBRA

Medicina	Sombra
Equilíbrio e harmonia: simboliza a capacidade de integrar opostos e manter a estabilidade emocional e mental.	Rigidez e inflexibilidade: dificuldade em se adaptar ou encontrar meio-termo em situações extremas.

Medicina	Sombra
Clareza sem filtros: percepção nítida da realidade, sem ilusões ou autoengano.	Dualidade e ilusões: confusão causada por ver tudo em preto e branco, sem nuances.
Segurança no caminho: confiança para seguir sua jornada pessoal com firmeza.	Medo de mudanças: resistência a sair da zona de conforto ou a abrir mão do controle.
Individualidade no coletivo: ensina a preservar a autenticidade mesmo dentro de grupos.	Dissolução da identidade: dificuldade de manter a própria essência em ambientes sociais ou influências externas.

- 10 -

ANIMAIS POLARIZADORES E SEUS SIGNIFICADOS OCULTOS

Animais polarizadores despertam fortes emoções e opiniões divergentes. Enquanto algumas pessoas os rejeitam por repulsa ou medo, outras reconhecem neles qualidades surpreendentes. No xamanismo, todos os seres, mesmo os mais repulsivos ou malvistos, têm uma medicina e algo a ensinar. Esses animais nos provocam a expandir nossa percepção, lembrando que a sabedoria da natureza não se limita ao belo ou ao agradável.

Incluí-los em práticas espirituais é uma forma de honrar a totalidade da vida e de refletir sobre nossa própria sombra. Eles revelam a dualidade que habita em nós e no mundo: luz e escuridão, aceitação e resistência, transformação e desconforto. Sua presença nos desafia a integrar o que foi rejeitado, promovendo crescimento, adaptabilidade e consciência.

Animal	Características Simbólicas
1. Barata	Simboliza a sobrevivência, adaptação e resistência diante da adversidade. Apesar da repulsa que causa, sua presença ensina a resiliência silenciosa.

Animal	Características Simbólicas
2. Carrapato	Ensina paciência, apego e foco em um objetivo, mas também simboliza o parasitismo e a necessidade de cortar laços sugadores de energia.
3. Lesma	Lentidão, introspecção e sensibilidade. Representa regeneração, limpeza e desapego da pressa. Sua medicina está na suavidade do movimento interno.
4. Mosca	Associa-se à decomposição, mas também à reciclagem e transformação. Convida à aceitação do que incomoda e à purificação por meio da verdade crua.
5. Pernilongo	Sua medicina fala de vigilância, resistência e adaptação. Pode representar pequenas irritações que exigem atenção antes de se tornarem maiores.
6. Pulga	Pequena, incômoda, mas ágil e persistente. Inspira superação de obstáculos e fertilidade. Por outro lado, alerta para a invasividade e a irritação acumulada.
7. Traça	Representa a beleza discreta, a transformação e o papel da decomposição na renovação da vida. Sua sombra está no desgaste silencioso e nas perdas materiais.

Esses animais, muitas vezes rejeitados, guardam ensinamentos valiosos. Olhar para eles com respeito é abrir espaço para a cura de partes esquecidas de nós mesmos. Ao incluí-los em sua prática ou estudo, você amplia o campo da consciência e abraça a totalidade da vida com mais maturidade espiritual.

ANIMAIS MITOLÓGICOS

Criaturas mitológicas sempre habitaram o imaginário humano, cruzando culturas e épocas como símbolos vivos da relação entre o visível e o invisível. Cada animal lendário traz consigo um conjunto de significados arquetípicos, expressando forças da natureza, virtudes, desafios ou aspectos ocultos da psique. Ao observarmos suas "medicinas" (dons simbólicos), e "sombras" (aspectos desafiadores), podemos acessar lições valiosas para o autoconhecimento, a cura e a integração espiritual.

Animal Lendário	Arquétipo
1. Centauro	Metade homem, metade cavalo, representa a fusão entre instinto e consciência. Sua medicina está na sabedoria ancestral, força física e conexão com a natureza. A sombra do centauro revela impulsividade, descontrole e dificuldade em lidar com normas sociais, expressando a tensão entre liberdade e civilização.
2. Dragão	Símbolo universal de poder e transformação. No Oriente, representa sabedoria, prosperidade e proteção; no Ocidente, muitas vezes, é visto como força a ser vencida. Sua medicina envolve força vital, renascimento e domínio de energias ocultas. A sombra manifesta-se no medo do desconhecido e no uso destrutivo do poder.
3. Elefante Branco	Animal sagrado em diversas culturas asiáticas, simboliza pureza, sabedoria e nobreza. Sua medicina está na força pacífica e na conexão espiritual. A sombra pode ser o fardo de responsabilidades excessivas ou o apego a símbolos de prestígio.

Animal Lendário	Arquétipo
4. Esfinge	Guardando portais entre mundos, une corpo de leão e cabeça humana. Sua medicina está na proteção, no mistério e na busca pela verdade. Sua sombra surge nos enigmas não resolvidos e nos aspectos internos ocultos, exigindo enfrentamento e clareza.
5. Fênix	Pássaro que renasce das próprias cinzas, representa ciclos de morte e renascimento. Sua medicina é a resiliência e a transformação interior. A sombra reside no medo da mudança ou na resistência em abandonar o que já não serve.
6. Grifo	Com cabeça de águia e corpo de leão, une céu e terra, inteligência e força. Sua medicina está na integração entre mente e instinto. A sombra aparece na arrogância, no autoritarismo e no desequilíbrio entre razão e emoção.
7. Kraken	Monstro marinho colossal, evoca o inconsciente profundo. Sua medicina é a força bruta da natureza e a capacidade de enfrentar o desconhecido. A sombra é o medo paralisante ou a sensação de ser engolido por emoções incontroláveis.
8. Minotauro	Ser do labirinto com corpo humano e cabeça de touro. Representa a luta interna entre razão e instinto. Sua medicina é o enfrentamento dos próprios labirintos psíquicos. A sombra está na repressão, na violência não canalizada e na confusão de identidade.
9. Pégaso	Cavalo alado, mensageiro das tempestades e símbolo da inspiração. Sua medicina é a elevação espiritual, criatividade e liberdade. A sombra pode ser a fuga da realidade ou idealismo excessivo.

Animal Lendário	Arquétipo
10. Quimera	Criatura híbrida com cabeça de leão, corpo de cabra e cauda de serpente. Representa a ilusão e os medos irracionais. Sua medicina é o alerta contra fantasias perigosas. A sombra é a desordem interior e a confusão psíquica.
11. Sátiro e Fauno	Espírito dos bosques, ligado ao prazer e à fertilidade. Sua medicina é a celebração da vida e da natureza. A sombra se manifesta na luxúria descontrolada, irresponsabilidade e impulsividade.
12. Sereia / Iara	Sedutora e misteriosa, representa a voz interior e o fascínio pelo desconhecido. Sua medicina é a conexão com o inconsciente e o feminino profundo. A sombra é o uso manipulativo da sedução ou o risco da autossabotagem.
13. Thunderbird (Pássaro-Trovão)	Espírito elemental dos nativos norte-americanos. Sua medicina está no poder da transformação, do fogo e da purificação. A sombra é o abuso do poder espiritual ou a destruição sem propósito.
14. Unicórnio	Animal puro, veloz e inatingível. Sua medicina está na espiritualidade, inocência e busca da verdade. A sombra pode ser o escapismo, o perfeccionismo e a recusa em lidar com a realidade.

- 11 -

ANIMAIS ICÔNICOS: CRIATURAS QUE INSPIRAM MUNDOS

A zoolatria, ou adoração de animais, é uma prática cultural e religiosa que reverencia certas espécies como sagradas, muitas vezes associadas a divindades ou vistas como seus mensageiros na Terra. Nessas tradições, os animais representam aspectos simbólicos e espirituais dos deuses, sendo cultuados como encarnações do sagrado. Neste capítulo, exploraremos algumas das criaturas mais icônicas e inspiradoras que fascinam a humanidade há séculos. De seres majestosos e misteriosos a figuras corajosas e lendárias, esses animais e deuses zoomorfos desempenham papéis centrais em diversas mitologias e culturas. Vamos mergulhar em suas histórias, revelando os significados e mistérios que os tornaram tão emblemáticos para a experiência humana.

A história dos quatro animais da Roda Medicinal

O xamã e escritor nativo norte-americano Sun Bear (1929-1992), fundador da Bear Tribe Medicine Society, conta uma antiga lenda sobre como o Búfalo, a Águia, o Coiote e o Urso passaram a servir como ajudantes espirituais das Quatro Direções da Roda Medicinal.

Em um tempo distante, quando os animais ainda falavam entre si e com os humanos, os quatro animais mais poderosos disputavam a liderança do Conselho dos Animais. O Urso, até então o chefe, era respeitado por sua força e sabedoria. No entanto, o posto passou a ser questionado, e outros animais propuseram que a liderança fosse alternada.

O Búfalo se apresentou: "Sou o mais forte e generoso. Ofereço minha carne ao Reino Animal e aos humanos, trazendo renovação e abundância. Por isso, devo liderar".

A Águia, com voz firme, disse: "Voo mais alto e vejo mais longe do que qualquer criatura. Me aproximo do Grande Espírito e trago clareza e visão. Por isso, desejo ser a chefe".

O Coiote também se colocou: "Sou o mais astuto. Sobrevivo em qualquer ambiente e ensino lições, mesmo sem ser convidado. Trago aprendizado e transformação. Por isso, quero liderar".

Por fim, o Urso respondeu: "Honro o desejo dos meus irmãos, mas tenho sido um líder justo e ponderado. Uso minha força com equilíbrio e sirvo com bondade. Desejo continuar nessa missão".

Essa lenda marca o início da aliança desses quatro animais com as direções sagradas da Roda Medicinal, onde cada um passou a representar um aspecto essencial da jornada espiritual.

A aliança dos quatro animais com as direções sagradas

Após ouvirem os argumentos dos quatro animais poderosos, o Conselho continuava dividido. Cada ser possuía dons únicos e qualidades dignas de liderança. O impasse causou um desconforto inédito entre os membros, que, perdidos, não sabiam como seguir adiante.

Foi então que ventos fortes começaram a soprar de todas as direções, dificultando a comunicação entre os animais. No centro do círculo, uma figura luminosa surgiu. Era Mudjekeewis, o Espírito Guardião do Oeste, que se apresentou com voz firme:

"Eu sou Mudjekeewis, e há muito tempo, com os outros Guardiões, decidimos que não seria sábio disputar o poder. Com a ajuda da Grande Mãe, dividimos a responsabilidade pela Roda Medicinal, cada um assumindo uma Direção, para que nossa força coletiva fortalecesse toda a Criação. Agora, venho como mensageiro do Grande Espírito para restaurar entre vocês a Lei da Unidade."

Então, ele falou a cada um dos animais:

Urso, você se unirá ao Oeste, sob minha guarda. Sua força ponderada e sua sabedoria farão de você o chefe do Conselho dos Animais, assim como eu sou o chefe dos Ventos. Sua pele será negra como a noite e seus pelos prateados como as estrelas.

Búfalo, você se aliará ao Norte (ou Sul, no Hemisfério Sul), guiado por Waboose. Sua medicina de renovação e generosidade será honrada. Seu pelo será branco como a neve.

Águia, você se fundirá com o Leste, ao lado de Wabun. Sua visão elevada trará iluminação e sabedoria. Suas penas serão douradas como o sol nascente.

Coiote, você se unirá ao Sul (ou Shawnodese no Norte). Com sua inteligência e humor, trará crescimento e adaptação. Sua pele será da cor do sol do meio-dia, que fertiliza a Terra.

"Honrados amigos", concluiu Mudjekeewis, "cada um de vocês recebeu um dom do Grande Espírito. Ao assumirem seu lugar nas Quatro Direções, fortalecerão a Roda da Vida e manterão o equilíbrio da Criação."

Assim nasceu a aliança sagrada entre os Quatro Animais e as Direções da Roda Medicinal, um pacto de equilíbrio, serviço e harmonia com toda a vida.

O Encontro da Águia e do Condor

A profecia da Águia e do Condor é um antigo ensinamento indígena das Américas que anuncia um tempo de grande transformação espiritual e cultural. Ela conta que, há milênios, os povos originários do Norte (representados pela Águia) e do Sul (representados pelo Condor) viviam em harmonia com a natureza e com os espíritos, seguindo caminhos espirituais próprios e profundamente conectados à Terra.

Com a chegada dos colonizadores europeus, esse equilíbrio foi rompido. Muitas culturas indígenas foram devastadas, suas tradições reprimidas e sua ligação sagrada com a Terra interrompida, gerando séculos de dor, materialismo e desequilíbrio.

A profecia prevê, porém, um tempo de reencontro: o momento em que a Águia e o Condor voltarão a voar juntos, unindo os saberes do Norte e do Sul para restaurar a harmonia e curar o planeta. Esse voo conjunto simboliza a reconciliação espiritual entre os povos das Américas, o despertar coletivo da consciência e a união entre ciência e sabedoria ancestral.

Willaru Huarta, mensageiro das tradições incas, afirma que vivemos o fim de um ciclo de 500 anos de obscuridade espiritual. Segundo ele, com a chegada da Era de Aquário, a luz retorna à Terra, iniciando uma nova era de consciência e equilíbrio.

Hoje, muitos reconhecem que estamos vivendo o tempo anunciado pela profecia. Cabe a nós ouvirmos os ensinamentos dos povos originários, valorizar seus saberes e nos unir em direção a uma nova forma de viver (mais integrada, justa e sagrada) em comunhão com todos os seres.

Pássaro-Trovão

Nos tempos antigos, quando o mundo ainda era jovem, o Pássaro-Trovão sobrevoava os céus com sua envergadura imensa e penas reluzentes. Era o maior falcão já visto, conhecido por sua beleza e pelas canções que encantavam todas as criaturas. Sua voz ecoava pelas montanhas, convocando os conselhos dos animais e trazendo as nuvens para a terra.

Com o tempo, porém, o Pássaro-Trovão deixou-se dominar pelo orgulho. Envaidecido por sua força e talento, passou a menosprezar os outros seres e, em um momento de arrogância, desafiou os próprios deuses durante uma dança cerimonial. Como resposta, um raio o atingiu, dissolvendo seu corpo e transformando-o em espírito.

Desperto em sua nova forma, o Pássaro-Trovão sentiu profunda tristeza e arrependimento. Implorou ao Grande Espírito por perdão e por uma nova chance. Com compaixão, o Grande Espírito lhe confiou uma missão de redenção: servir aos Seres-Trovão como curador e mensageiro.

Desde então, o Pássaro-Trovão tornou-se um espírito de cura e transformação. Retorna em visões e sinais para lembrar os humanos dos perigos da arrogância e do poder mal direcionado. Tornou-se símbolo de humildade, serviço e redenção – uma inspiração para aqueles que buscam a verdadeira grandeza por meio da bondade e da entrega ao bem coletivo.

História do primeiro unicórnio

Diz a lenda que, há muitos séculos*, quando o mundo ainda era jovem, um ser celestial desceu dos céus numa nuvem radiante. Era o primeiro unicórnio: uma criatura mágica que unia a elegância do cavalo à leveza do antílope. Seu corpo era branco como a neve, e seus olhos brilhavam com a pureza dos cristais. Por onde passava, a natureza florescia em exuberância.

O unicórnio era atraído pelas crianças, cujas almas puras o encantavam. Brincava com elas e as protegia, tornando-se seu guardião silencioso. No entanto, sua existência despertou a cobiça de caçadores, que planejaram capturá-lo para obter fama e fortuna. Sabendo que ele era sensível à presença de virgens, usaram uma jovem como isca.

---

* Esta narrativa é uma recriação literária inspirada em tradições medievais sobre o unicórnio, símbolo de pureza e transcendência espiritual. Nos bestiários europeus, acreditava-se que apenas uma virgem poderia capturá-lo, metáfora da união entre o divino e o humano. Não há registro histórico de uma lenda única sobre o "primeiro unicórnio"; o mito deriva de descrições antigas de animais reais, reinterpretadas ao longo dos séculos. (N. E.)

Quando o unicórnio se aproximou da moça, ela o acolheu com ternura. Tocado por sua inocência, o unicórnio se deixou envolver, e foi capturado. Mas a captura não trouxe glória aos caçadores: amaldiçoados por sua ganância, foram tomados pelo infortúnio. Por fim, o unicórnio foi libertado por um gesto de compaixão e retornou aos céus de onde viera.

Desde então, tornou-se símbolo de pureza, inocência e redenção, lembrando-nos que as virtudes mais delicadas são também as mais poderosas diante da crueldade do mundo.

Leão, o rei dos animais

Em tempos antigos, os animais da floresta viviam em paz, mas sentiam falta de um líder. Reunidos em assembleia, decidiram eleger um rei. O elefante sugeriu um desafio: o animal com o rugido mais forte e impressionante seria coroado.

O elefante tentou primeiro, mas seu som grave não causou impacto. O urso veio em seguida, porém seu rugido também não convenceu. Então foi a vez do leão: seu rugido ecoou pela floresta, tão poderoso que fez todos tremerem. A força de sua voz refletia sua coragem e presença.

Sem hesitar, os animais o aclamaram como rei. Desde então, o leão é símbolo de autoridade, nobreza e liderança, o verdadeiro rei da selva.

Quetzalcoatl, a serpente emplumada

Quetzalcoatl, a "Serpente Emplumada", é uma das divindades mais reverenciadas das culturas asteca e tolteca. Deus do vento, da sabedoria, da fertilidade e da criação, simboliza a união entre céu e terra. Seu nome vem da junção de *quetzal* (ave sagrada de penas vibrantes) e *coatl* (serpente, em náuatle).

Segundo a tradição, nasceu da virgem Chimalma, que o concebeu ao engolir uma esmeralda. Foi considerado um benfeitor da humanidade, trazendo o milho, as artes, o calendário e a escrita. Rejeitava os sacrifícios humanos e os excessos, o que o opunha a seu irmão Tezcatlipoca, deus da guerra e do engano.

Traído e humilhado por Tezcatlipoca, Quetzalcoatl deixou Tula em um barco de serpentes, prometendo voltar um dia. Essa profecia marcou profundamente a visão espiritual dos povos mesoamericanos, que esperavam seu retorno como portador de uma nova era de luz e sabedoria.

A imagem da serpente com penas ilustra a dualidade entre o espiritual e o terreno, um arquétipo de elevação e integração que ainda inspira a identidade cultural do México e da América Central.

O veado azul

Há muito tempo, nas montanhas da Serra Huichol, região de Nayarit, no oeste do México, os anciãos se reuniram diante da seca que assolava seu povo. Sem água, comida ou saúde, decidiram enviar quatro jovens em busca de sustento. Cada um representava um dos elementos sagrados: fogo, água, ar e terra.

Partiram com seus arcos e flechas, e após dias de caminhada, avistaram um veado grande e reluzente. Mesmo exaustos, seguiram sua trilha incansavelmente. Com compaixão, o veado permitia que descansassem antes de seguir viagem. A jornada os levou ao deserto sagrado de Wirikuta, localizado no estado de San Luis Potosí, próximo ao Cerro de las Narices, onde o espírito da terra habita.

Ali, uma flecha atingiu a silhueta do veado, agora formada por plantas de *peyote* que brilhavam como esmeraldas sob o sol. Eles cortaram as plantas e retornaram à aldeia. Ao distribuírem o *peyote*, a fome e a sede desapareceram. O povo se curou.

Desde então, os Huichols veneram o *peyote* como manifestação do veado e do milho sagrado – seu espírito-guia. Todos os anos, refazem em peregrinação o caminho até Wirikuta, rogando por chuva, alimentos e saúde para a comunidade.

Garuda, o rei das aves e servo de Vishnu

Garuda, figura lendária da mitologia hindu, é uma poderosa criatura metade homem, metade águia, conhecida por sua força descomunal, velocidade e capacidade de voar pelos céus. Filho de Vinata e do sábio Kashyapa, é irmão de Aruna, o cocheiro do deus Sol, Surya. Sua história começa com uma disputa entre Vinata e sua irmã Kadru, que a engana numa aposta e a torna sua escrava. Para libertar a mãe, Garuda embarca numa jornada heroica em busca do *amrita*, o elixir da imortalidade guardado pelos deuses.

Ao enfrentar deuses, demônios e serpentes, Garuda demonstra coragem, astúcia e senso de dever. Mesmo conquistando o *amrita*, não o utiliza para si: entrega-o aos deuses em troca da liberdade de Vinata. Como recompensa, é nomeado o veículo celestial de Vishnu, a quem serve fielmente, sendo frequentemente retratado carregando o deus pelos céus.

Garuda é símbolo de liberdade, bravura e devoção. Venerado em templos por toda a Índia, também é invocado como protetor contra o mal e amuleto de sorte. Sua lenda atravessa gerações, inspirando valores de lealdade, superação e compaixão.

Quíron, o curador ferido

Na mitologia grega, Quíron era um centauro singular, conhecido não por sua ferocidade como os demais, mas por sua sabedoria, bondade e habilidades curativas. Filho do titã Cronos com a ninfa Filira, foi educado nas artes, ciências e medicina, tornando-se mestre de heróis como Aquiles, Asclépio, Jasão e Hércules.

Diferente dos outros centauros, Quíron era um sábio curador e professor respeitado. Sua história mais comovente envolve sua morte: ferido acidentalmente pela flecha envenenada de Hércules, sofreu uma dor insuportável que não podia terminar, por ser imortal. Em um gesto de compaixão, ofereceu sua imortalidade em troca da libertação da dor. Zeus aceitou o sacrifício e o imortalizou como a constelação de Sagitário.

No xamanismo, Quíron é símbolo do curador ferido, aquele que, por conhecer profundamente a dor, torna-se capaz de curar com empatia e sabedoria. Sua jornada ensina que nossas feridas podem ser fontes de transformação e serviço ao próximo, inspirando curadores e buscadores em todos os tempos.

Nrisimhadeva, a fúria protetora de Vishnu

Nrisimhadeva é uma das encarnações mais poderosas do deus Vishnu, representado com corpo de homem e cabeça de leão, simbolizando a união da força e da compaixão. Sua história está ligada ao jovem Prahlada, filho do rei demônio Hiranyakashipu, que exigia ser adorado como deus. Mesmo ameaçado, Prahlada manteve sua devoção inabalável a Vishnu.

Furioso, o rei tentou matar o filho de várias formas, mas Vishnu sempre o protegia. Num último confronto, Hiranyakashipu desafiou Prahlada a provar que Vishnu estava em todo lugar. Prahlada apontou para um pilar, e ao quebrá-lo, emergiu Nrisimhadeva (nem homem, nem animal) que matou o rei, cumprindo a profecia: ele morreria por uma entidade que não fosse nem completamente humana, nem em plena luz do dia ou da noite, nem dentro nem fora de casa.

Após restaurar a ordem, Nrisimhadeva acalmou-se, abençoou Prahlada e retomou sua forma pacífica. Essa encarnação simboliza a vitória do bem sobre o mal e a proteção incondicional aos devotos sinceros.

Kamadhenu, a vaca sagrada dos desejos

Na mitologia hindu, Kamadhenu é a vaca sagrada dos desejos, considerada a mãe de todas as vacas e símbolo de abundância, generosidade e fertilidade. Criada por Brahma, o deus da criação, Kamadhenu foi oferecida aos sábios (*rishis*) como fonte inesgotável de alimento e sustento.

Descrita como uma vaca dourada, com olhos radiantes e chifres ornados, Kamadhenu tem o poder de conceder qualquer desejo material aos que a reverenciam com devoção. Sua presença é associada à prosperidade e à bênção divina.

Venerada em rituais védicos e festivais por toda a Índia, Kamadhenu também está ligada ao Senhor Krishna, frequentemente retratado como pastor e protetor das vacas. Sua história expressa não apenas o poder de Deus de atender às necessidades dos devotos, mas também o profundo respeito pela vida animal e pela natureza presente na tradição hindu.

Hanuman, o deus macaco da devoção e coragem

Hanuman é uma das figuras mais reverenciadas da mitologia hindu, símbolo de devoção inabalável, força e serviço abnegado. Filho do deus do Vento, Pavana, e da apsara Anjana, nasceu com poderes divinos e forma de macaco, destinado a servir ao bem.

Desde pequeno, Hanuman demonstrava curiosidade e travessura. Em um episódio célebre, tentou comer o Sol pensando ser uma fruta, o que causou um caos cósmico. O deus Indra o atingiu com um raio, deixando-o inconsciente. Em fúria, seu pai suspendeu os ventos do mundo, forçando os deuses a restaurarem Hanuman e conceder-lhe bênçãos especiais: imortalidade, força sobre-humana e sabedoria.

No épico *Ramayana*, Hanuman torna-se o mais fiel servo do deus Rama, avatar de Vishnu. Quando Sita, esposa de Rama, é sequestrada pelo demônio Ravana, é Hanuman quem salta o oceano até a ilha de Lanka, encontra Sita, e causa grande destruição ao inimigo antes de retornar com notícias para Rama.

Durante a guerra contra Ravana, Hanuman é fundamental na vitória, enfrentando exércitos demoníacos e resgatando aliados com bravura. Sua lealdade e poder o tornam um herói exemplar.

Adorado por milhões, Hanuman representa a força que nasce da fé, da humildade e da entrega total a um propósito divino. Sua história continua a inspirar coragem espiritual, disciplina e devoção em toda a tradição hindu.

Pégaso, o cavalo alado da liberdade e inspiração

Pégaso é um dos seres mais célebres da mitologia grega, símbolo de liberdade, inspiração e poder divino. Nasceu do sangue da Medusa quando Perseu, com a ajuda dos deuses, decapitou a Górgona. Do contato do sangue com a terra surgiu o cavalo alado, de beleza radiante e espírito selvagem.

Domado por Atena, Pégaso tornou-se montaria do herói Belerofonte, que com sua ajuda derrotou a temível Quimera (monstro que cuspia fogo). Mais tarde, tomado pela arrogância, Belerofonte tentou alcançar o Olimpo montado em Pégaso, mas foi derrubado por Zeus, que puniu sua ousadia. Pégaso, no entanto, foi poupado e acolhido entre os deuses.

Como honra por seus feitos, Zeus o transformou em constelação, eternizando sua imagem no céu noturno. Pégaso permanece como um arquétipo de elevação espiritual, coragem e transcendência, um mensageiro entre o mundo terreno e o divino.

A Grande Tartaruga

Segundo as tradições dos povos indígenas das planícies norte-americanas, no princípio de tudo só existia a água. Céu e nuvens abrigavam os humanos, os animais e os seres espirituais, até que os humanos pediram ajuda para encontrar um lugar onde pudessem viver.

Muitos animais tentaram mergulhar até o fundo em busca de terra, mas falharam, até que a Tartaruga, com persistência e coragem, trouxe um punhado de lama das profundezas. A partir dessa lama, a Terra foi moldada.

Com generosidade, a Tartaruga ofereceu seu dorso firme para sustentar o mundo. Desde então, é conhecida como a Grande Tartaruga, que carrega a Terra sobre as costas. Símbolo de força, estabilidade e sabedoria ancestral, ela ensina os humanos a viverem em harmonia com a natureza. Até hoje, a Tartaruga da Terra é honrada como guardiã dos ciclos da vida e lembrança viva de que cuidar do planeta é um dever sagrado.

Pã, o espírito da natureza selvagem

Na mitologia grega, Pã é o deus dos campos, florestas, pastores e rebanhos, frequentemente retratado como um sátiro (metade homem, metade bode) símbolo da natureza indomada, da fertilidade e da música.

Filho de Hermes com uma ninfa (cujo nome varia entre Dryope, Melinoe ou Penélope), Pã nasceu nas montanhas e desde cedo se mostrou ligado ao mundo natural. Com seu corpo peludo, chifres e pernas de bode, ele personifica o instinto, o desejo e a liberdade selvagem.

Alegre e travesso, Pã é conhecido por sua paixão pela música, especialmente pela flauta de Pã, criada a partir dos juncos da ninfa Syrinx, que se transformou para escapar de seus avanços. O som de sua flauta ecoava pelos vales e bosques, encantando ninfas e assustando viajantes. Essa capacidade de provocar medo súbito deu origem à palavra "pânico".

Pã também era visto como protetor dos pastores e dos animais, mas podia ser imprevisível e até assustador, refletindo tanto a beleza quanto a selvageria da natureza. Com sua ligação com o êxtase, a sensualidade e a liberdade, Pã se tornou um símbolo duradouro da força instintiva da vida e do poder sagrado do mundo natural.

- 12 -

GUIA TEMÁTICO DE ANIMAIS E SEUS TALENTOS ESPIRITUAIS

Este guia temático foi elaborado como uma ferramenta de apoio para práticas espirituais, terapêuticas e meditativas que envolvem a sabedoria dos animais. Ele organiza os animais de poder segundo temas específicos, como coragem, cura, intuição, transformação, proteção, entre muitos outros, facilitando a escolha consciente de qual energia evocar em determinado momento da jornada pessoal.

Cada animal traz qualidades únicas que podem ser invocadas como inspiração, auxílio ou reforço em processos de autoconhecimento, equilíbrio emocional e conexão com a natureza. Seja em meditações, rituais ou reflexões diárias, este guia auxilia na escuta profunda da medicina dos animais e na integração simbólica de seus ensinamentos em nossas vidas.

Tema	Animal
Ação	alce, antílope, cavalo
Adaptação	sapo, coiote, gorila, rato, cervo

Tema	Animal
Ambição (aumentar)	lagarto, falcão, cobra
Abundância	coelho, rato, búfalo
Administrar recursos	camelo
Afeição (aumentar)	pica-pau, corvo, lobo
Alcançar outros reinos	águia, coruja, beija-flor, corvo, foca, gaivota
Alegria	lontra, falcão, coiote, macaco, beija-flor
Aliviar coração partido	lobo
Amor (aumentar)	lobo, pica-pau, golfinho, beija-flor
Amor-próprio/autoestima	guaxinim, coruja, lobo, formiga, alce
Amor romântico	beija-flor, cisne, cavalo marinho
Apetite (aumentar)	avestruz
Astúcia	raposa
Aumentar a crença	pica-pau, corvo, ganso
Auto-controle	búfalo, ganso, cobra
Calma	tartaruga, formiga, antílope
Clareza	búfalo, beija-flor, borboleta, águia

Tema	Animal
Clarividência	camaleão, cavalo, crocodilo, lince
Comunicação	golfinho, borboleta, águia, búfalo, abelha
Comunidades (harmonizar)	formiga, abelha, caranguejo, periquito
Conexão com a realidade	tartaruga, formiga, canguru
Confiança	porco-espinho, coiote, alce
Conhecer sombras	coruja, corvo, leopardo, morcego
Conhecimentos mágicos	corvo, coruja, íbis, jaguar
Conquistas amorosas	beija-flor, cavalo marinho, lobo, cisne
Consciência espiritual/mística	puma, antílope, águia, cisne, urso, coruja, lince, peixe
Construções	castor, abelha, formiga, tartaruga
Coragem	lobo, tartaruga, leão, falcão, puma
Crescimento	coelho
Criança interior	coiote, canguru
Criar raízes	ganso
Criatividade (aumentar)	aranha, puma, águia, cervo, borboleta
Cromoterapia (evocar para)	arara, camaleão, vaga-lume

Tema	Animal
Cura emocional	lobo, baleia, coiote
Cura espiritual	águia, cisne
Cura física	urso, beija-flor, cobra, leão
Cura mental	búfalo, cavalo
Danças	caranguejo, flamingo, pavão
Dar chão	tartaruga, ganso, urso
Decisão	ganso, urso
Desapego	alce, lobo, cobra
Determinação	cabrito, gaivota
Discrição	avestruz
Economizar	camelo, esquilo, formiga
Eficiência	lontra, formiga, abelha
Energia	lagarto, cervo, facão, águia
Entrega	tartaruga, pica-pau, alce
Felicidade	beija-flor, pavão
Fertilidade	tartaruga, coelho, touro, sapo

Tema	Animal
Firmeza	gorila
Flexibilidade	pantera, onça
Fluir emoções contidas	puma, pica-pau, sapo, coiote
Fortalecer grupos de trabalho	formiga, abelha
Força	cavalo, formiga, leão, puma, tigre
Gratidão	búfalo
Habilidade para aprender	elefante, lobo
Habilidades psíquicas	camaleão, coruja, lince, puma, morcego
Harmonia	búfalo
Humildade	jumento
Iluminação	águia, golfinho
Imaginação	aranha, foca
Independência	cavalo, elefante, minhoca
Inspiração	girafa, porco-espinho, águia, borboleta
Inteligência	baleia, golfinho, raposa, búfalo, gato, macaco
Intimidade (aumentar)	pantera, cobra, pica-pau

Tema	Animal
Intuição	puma, búfalo, águia, cisne, urso, falcão, gato
Justiça	alce
Liberar vícios	tartaruga, cobra, lagarto
Liberdade	águia, beija-flor, borboleta, cavalo, golfinho, coiote
Libertar-se de ilusões	águia, aranha
Libertar-se de inveja/ciúmes	pica-pau, lobo
Libertar-se de preconceitos	águia
Libertar-se de velhos hábitos	cobra, lagarto, morcego
Liderança	leão, puma, touro
Limites (estabelecer)	tartaruga, ganso, gambá, lobo, tatu
Limpeza/Purificação	sapo, lontra, guaxinim
Longevidade	elefante, tartaruga, rinoceronte
Lua (evocar energia)	lobo, coruja, caranguejo, pantera
Luz no desespero	coelho, lobo, beija-flor, águia
Mãe Terra (evocar energias)	tartaruga, peru, pica-pau
Máscaras (compreensão)	guaxinim, camaleão

Tema	Animal
Melhorar relacionamentos	pica-pau, lobo, coiote, águia
Meditação	antílope, gafanhoto, louva-Deus
Memória	elefante, baleia, porco-espinho
Mistérios profundos	baleia, dinossauro, coruja, gato, puma
Motivação (aumentar)	águia, falcão, alce
Novas etapas	borboleta, cavalo, lagarto
Novos desafios	cabrito, cavalo
Novos pensamentos	águia, castor, cavalo
Observar detalhes	rato, doninha
Organização	formiga, abelha
Otimismo	coiote
Paciência	tartaruga, formiga, camelo, antílope
Para ser mais social	borboleta, lontra, cervo, corvo
Paz	golfinho, pombo, búfalo, gorila
Persuasão	raposa, doninha, coiote
Perdoar	urso, corvo, lobo

Tema	Animal
Persistência	texugo, formiga, tigre
Poder	leão, touro, gorila, pantera, tigre
Poderes maternais	caranguejo, canguru, hipopótamo, pato
Potência	leão, alce, touro, rato, coelho, galo, tigre
Prioridades (estabelecer)	alce
Prosperidade	coelho, leão
Proteção do lar	caranguejo, pica-pau, galo
Proteção	leão, águia, gambá, touro
Quietude na ansiedade	tartaruga, formiga, urso
Raciocínio	búfalo, coruja
Rejuvenescimento	minhoca, cobra
Relaxamento (espairecer)	avestruz, hipopótamo
Resistência	alce, cavalo, camelo, touro
Retórica/palestras	arara, golfinho, abelha
Sabedoria	lagarto, águia, coruja, baleia, búfalo, cobra
Segurança	cachorro, canguru, castor, leão, puma, lobo

Tema	Animal
Sensitividade	camaleão, lince, puma, peixes
Sensualidade	gato, pantera, borboleta
Sexualidade	cobra, coelho, galo, lobo, pantera, touro, cabrito
Simpatia a pessoas	lontra, cervo, macaco
Sol (evocar a energia)	arara, besouro, leão, lagarto, águia
Sonhos (aumentar)	aranha, águia, coruja, urso, coiote, lobo
Sonhos (lembrar)	foca
Sonhos (compreensão)	borboleta, foca, lagarto, louva-Deus
Sonhos (pôr em prática)	aranha, avestruz, cavalo
Suavidade	beija-flor, cavalo marinho, cervo, cisne
Superar a depressão	águia, falcão
Telepatia	baleia, golfinho
Terapias holísticas	camaleão, louva-Deus, borboleta
Tolerância	lontra, cervo, pica-pau, corvo, camelo
Tomada de decisões	ganso, cobra, alce, leão, águia
Trabalhos pesados, braçais	jumento, camelo, touro, formiga

Tema	Animal
Tradição (resgatar)	baleia, búfalo, lince, leopardo, jaguar
Transformação	todos
Vencer obstáculos	cabrito, elefante, gafanhoto
Viagens astrais	borboleta, águia, beija-flor, cavalo, corvo
Vida (compreensão)	aranha
Vidência	doninha, coruja, gato, crocodilo

SOBRE O AUTOR

Léo Artese é estudioso e praticante de xamanismo há mais de três décadas. Promove jornadas, vivências e oficinas de prática xamânica no Brasil e em outros países. É o precursor do movimento Xamanismo Universal, que visa resgatar os saberes indígenas tradicionais, sobretudo quanto ao uso das plantas sagradas como veículo para a cura física e espiritual. Integram-se ao seu movimento o xamã Mateo Arévalo, nativo Shipibo, líder da comunidade de San Francisco de Pucallpa, no Peru, e Agustin, curandeiro e estudioso do cacto São Pedro, que conduz experiências xamânicas na floresta peruana. É orientado pelo xamã norte-americano Coiote em Pé nas cerimônias da Tenda do Suor e do Cachimbo Sagrado, recebendo as bênçãos e sendo reconhecido como "Novo Guerreiro" e legítimo representante brasileiro dessas cerimônias. É fundador e diretor do Centro de Estudos de Xamanismo Voo da Águia e do Centro Eclético da Fluente Luz Universal Céu da Lua Cheia. É autor do livro *O voo da águia* e criador do portal www.xamanismo.com.br.

BIBLIOGRAFIA

ACHTERBERG, Jeanne. *A imaginação na cura: xamanismo e medicina moderna*. 1. ed. São Paulo: Summus Editorial, 1996. 240 p.

ANDREWS, Ted. *Animal Speak: the spiritual and magical powers of creatures great and small.* Saint Paul, MN: Llewellyn Publications, 2002. 400 p.

ANGWIN, Roselle. *Cavalgando o Dragão: o mito e a jornada interior.* São Paulo: Cultrix, 1996. 168 p.

BAILEY, Alice A. *Astrologia Esotérica*. São Paulo: Sol Nascente.

BLAVATSKY, Helena P. *Glossário Teosófico*. São Paulo: Ground, 1985. 1ª edição.

BURT, Kathleen. *Arquétipos do Zodíaco*. São Paulo: Pensamento, 1988.

CAMPBELL, Joseph. *As Máscaras de Deus*. Mitologia Primitiva, vol. 1. São Paulo: Palas Athena, 1992.

CARSON, Jamie; SAMS, David. *Cartas Xamânicas*. Rio de Janeiro: Rocco, 2000.

COWAN, Tom. *Shamanism As A Spiritual Practice For Daily Life*. Freedom, CA: The Crossing Press, 1996.

DOSSEY, Larry. *Reencontro com a Alma*. São Paulo: Cultrix, 1989.

DRUOT, Patrick. *O Físico, o Xamã e o Místico*. São Paulo: Nova Era, 1999.

ELIADE, Mircea. *Xamanismo e as Técnicas Arcaicas do Êxtase*. São Paulo: Martins Fontes, 1998.

FINCHER, Suzanne F. *O Autoconhecimento através das mandalas*. São Paulo: Pensamento, 1994.

GRIMASSI, Raven. *Os Mistérios Wiccanos*. São Paulo: Gaia, 2000.

HARNER, Michael. *O Caminho do Xamã*. São Paulo: Pensamento, 1980.

HEINBERG, Richard. *Memórias e Visões do Paraíso*. Rio de Janeiro: Campus, 1991.

HOELLER, Stephan A. *Os Arcanos Maiores do Tarô e a Cabala*. São Paulo: Pensamento, 1975.

INGERMAN, Sandra. *O Resgate da Alma*. São Paulo: Nova Era, 1991.

JUNG, C. G. *O homem e seus símbolos*. Rio de Janeiro: Nova Fronteira, 1977.

KAPLAN, Stuart R. *Tarô Clássico*. São Paulo: Pensamento, 1972.

KELER, Theodore M. R. Von. *Maomé e o Islã*. Rio de Janeiro: Ediouro, 1984.

KERLER, Christa-Maria; KERLER, Richard. *Horóscopo Asteca*. São Paulo: Pensamento, 1989.

LAKE-THOM, Bobby. *Spirits of the Earth*. Nova York: Plume, 1997.

LAMB, Bruce. *O Feiticeiro do Alto Amazonas*. Rio de Janeiro: Rocco, 1985.

LARSEN, Stephen. *Imaginação Mítica*. Rio de Janeiro: Campus, 1991.

LINN, Denise. *Espaço Sagrado*. São Paulo: Bertrand Brasil, 1998.

LIZOT, Jacques. *O Círculo dos Fogos*. São Paulo: Martins Fontes, 1988.

LOIBL, Elisabeth. *Deuses Animais*. São Paulo: Círculo do Livro, 1992.

MACHADO, Álvaro; LEVY, Carminha. *Sabedoria dos Animais*. São Paulo: Opera Prima, 1995.

MOYERS, Bill; CAMPBELL, Joseph. *O Poder do Mito*. São Paulo: Palas Athena, 1990.

RAHESHA, Namua. *A Serpente e o Círculo: um guia prático de xamanismo*. 1. ed. São Paulo: Pensamento, 1997. 176 p.

REINHART, Melanie. *Quíron e a jornada em busca da cura*. Rio de Janeiro: Rocco, 1993.

RIBEIRO, Darcy. Arte Índia in *Suma Etnográfica Brasileira – Arte*. Petrópolis: Vozes, 1986.

STEVENS, J.; STEVENS, Lena S. *Os Segredos do Xamanismo*. Rio de Janeiro: Objetiva, 1988.

VARELA, Marisa. *Iniciação Inca*. Rio de Janeiro: Nova Fronteira, 1993.

WHITE, T. H. *The Book Of Beasts*. Mineola, NY: Dover Publications, 1982.

WILHELM, Richard. *I Ching, o Livro das Mutações*. São Paulo: Pensamento, 1984.

WILLIS, Tony; CLARK, Anthony. *Runas*. São Paulo: Pensamento, 1987.

WOLF, S.; Dolfyn. *Shamanic Wisdom II*. Summertown, TN: Earthspirit, 1996.

1ª edição [2000]
2ª edição [2025] atualizada

Grafia conforme o novo Acordo Ortográfico da Língua Portuguesa.

EDITORES Lilian Dionysia e Giovani das Graças
PREPARAÇÃO Lucimara Leal
REVISÃO Heloisa Spaulonsi Dionysia
DIAGRAMAÇÃO Ponto Design
CAPA Tereza Bettinardi

Dados Internacionais de Catalogação na Publicação (CIP)
(Câmara Brasileira do Livro, SP, Brasil)

2. ed.
Artese, Léo
Espírito animal : desperte seu animal de poder /
Léo Artese. -- 2. ed. -- São Paulo : Ajna Editora,
2025.

ISBN 978-65-89732-49-5

1. Animais - Aspectos simbólicos 2. Ciências
ocultas 3. Espiritualidade 4. Magia - Esoterismo 5.
Xamanismo I. Título.

25-301431.0 CDD-133.8

Índices para catálogo sistemático:
1. Xamanismo : Ocultismo 133.8
Adriana Lupion - Bibliotecária - CRB-8/6933

Segunda edição [2025]
Esta obra foi composta
em Antwerp e impressa pela
Rettec Artes Gráficas e Editora.